开车是一场修行

安全驾驶的智慧

梦飞　柳实／著

九州出版社
JIUZHOUPRESS

图书在版编目（CIP）数据

开车是一场修行 ：安全驾驶的智慧 / 梦飞，柳实著.
-- 北京 ：九州出版社，2014.12
ISBN 978-7-5108-3468-4

Ⅰ.①开… Ⅱ.①梦… ②柳… Ⅲ.①汽车驾驶—安全技术 Ⅳ.①U471.15

中国版本图书馆 CIP 数据核字（2015）第 008456 号

开车是一场修行：安全驾驶的智慧

作　　者	梦飞 柳实　著
出版发行	九州出版社
出 版 人	黄宪华
地　　址	北京市西城区阜外大街甲 35 号（100037）
发行电话	(010)68992190/3/5/6
网　　址	www.jiuzhoupress.com
电子信箱	jiuzhou@jiuzhoupress.com
印　　刷	北京华联印刷有限公司
开　　本	880 毫米 ×1230 毫米　32 开
印　　张	6
字　　数	110 千字
版　　次	2015 年 3 月第 1 版
印　　次	2015 年 7 月第 3 次印刷
书　　号	ISBN 978-7-5108-3468-4
定　　价	39.80 元

梦飞自序

开车就是一场修行

在写自序的时候，我绞尽脑汁思考良久：我应该带给大家点什么？应该站在什么角度去阐述开车这个看似简单实则复杂的问题？

单纯的开车技术，已经被很多高手演绎得淋漓尽致，无须梦飞再去锦上添花。但开车根子上的那点东西却很少有人提及，梦飞带给大家的应该是一点思考、一点宽容和一点忍让。

开车是不是一件容易的事情？

为什么梦飞在书的开头要提出一个这样的问题？因为梦飞有意无意询问过很多司机，而他们给出的答案呈现出一个很有意思的趋势。新手们觉得不容易，那些 2～7 年的司机觉得不是一件很难的事儿，而令人意外的是超过 10 年驾龄的老司机却在这个问题上非常谨慎。

这些老司机为何会在回答这个问题上非常保守，是他们技不如人？

当然不是。

那原因到底是什么呢？这还需要回到开头的问题。开车是不是一件容易的事情？

凡事无绝对，开车也是如此，既困难又容易。

容易的原因在于只要你基础技术扎实，养成了良好的习惯，同时又拥有平和的心态，这就是一件轻松简单的事情。

难在哪里呢？难在开车是一票否决制，是一个每次都清零的过程，你的命运都掌握在当下。它不会由于你前 9999 次都表现完美而第 10000 次疏忽的时候不发生事故，所以它考验的是你持久的定力，是一场贯穿你生命始终的修行。

那么如何在行车中修炼自我呢？

学会综合路况快速做出正确的判断，养成良好的驾驶习惯，并非一朝一夕之功，也非三言两语就可以说得清楚道得明白。

知识和经验的取得，是一个这样的过程，学习——思考——再学习——再思考……直到融会贯通，形成习惯。

开车是一项技术活，梦飞曾经给驾驶技术做过分类，如果驾驶技术满分是 10 分，1~3 分算新手，4~6 分算生手，7~9 分算高手，10 分是遥不可及的。

1. 新手阶段就犹如人的婴儿和孩提时代，小心翼翼地探索着周围的一切，等慢慢熟悉了之后，胆子就渐渐大了起来。

从新手到生手的质变靠什么？靠的是技术的熟练程度，并道技术、超车技术、拐弯技术、倒车技术……这些技术没有太高意识形态上的要求，主要就是熟能生巧。当你能熟练地掌握这些基础技术，开车上路不胆怯，与车会车不害怕，不会把油门当刹车踩，能自己停好车，就基本完成了新手的蜕变。

当然新手阶段还需要养成在养成好习惯上下功夫。

2. 新手阶段过后就是经典的生手阶段，这个阶段就犹如人的青少年时代，年少轻狂，觉得自己无所不能，认为别人无法理解自己的世界，觉得对的是自己，错的永远是别人。

这也是最容易出问题的阶段，而且一出事就是大事。

这个阶段非常有意思，不是技术上的问题，而是意识上的魔障，大部分人靠自己很难迈出去，会一直处在一个无限循环、自我感觉良好的状态之中。但有时候别人的一句话往往会警醒梦中人，一下子让你意识到自己的不足、幼稚和可笑。

3. 如果能顺利度过生手阶段，就自然而然地进入了高手阶段，高手和生手最大的区别就是张弛有度、收放自如。该快的时候绝对不慢（坚定超车），该慢的时候绝不快（不轻易决定超车）。

靠技术来完成？不是！

那靠得是什么？靠良好的行车习惯和不让自己置身危险的安全意识！

这个阶段犹如人豁达稳重的中年阶段，遇事更包容、能自省、三思而沉稳，谨言而慎行。就算偶尔失态也能迅速意识到错误，以最快的速度把自己调整回正确的状态。

那我们如何能调整好状态，让自己跻身高手行列呢？

开车三句话，希望能给你带来启发。

1. 开车，除了让自己舒服，更重要的是让别的车舒服。

2. 开车，除了尽量发现别人，更重要的是要让别人知道你的存在。

3. 开车，凡是发生了剐蹭，一定是自己的错误，要反省自己！

梦飞通过案例来逐步解释一下这三句话。

（一）开车，除了让自己舒服，更重要的是让别的车舒服。

行车的本质，就是车辆和车辆之间的相互配合，如果配合得好，就相安无事，不会发生剐蹭，如果有一辆害群之马，就会给整体带来混乱，甚至事故。

仔细思考回想一下，你开车是否考虑过其它车辆的感受？

在高速上仔细观察就不难发现，但凡前方拥堵，一定是这种情况，一辆大车在超另外一辆大车时超不过去。超不过去的原因很简单，很多小车不尊重大车，在别人超车的时候，不停地去凑热闹，加塞在大车的缝里穿梭，导致大车缩手缩脚。

这就是典型的让别的车不舒服的案例。

这样导致的后果其实非常严重，你在大车缝里穿梭，万一操作不当，结局不可收拾！

除了极少数极端司机，高速上一般来说大车司机都蛮慎重，因为提速慢的原因，他不会轻易超车。但是他一旦速度提起来，就不会轻易放弃。所以在大车超车的时候，应该给他一个舒服的空间和距离，这样，既能高效缓解后方的堵车压力，又能保证安全！

在高速上，每当看到有大车在超车的时候，我都会远远等待，不会去给对方造成困扰。很多小车总是不要命去凑热闹，在并排的两个大车之间穿行，有的甚至在并排大车的右侧应急车道超车。

我远远跟在后面，心中不断地叹息，愚蠢的司机啊，当你养成了这种凑热闹的习惯，出事只是概率问题，为什么明知山有虎却又要偏向虎山行呢？每年十万个家庭就是这样支离破碎的！

所以，请跟着梦飞养成第一个习惯，当你准备做动作的时候，问问自己，我这么做，会对其它车辆产生困扰吗？经常问自己，经常设身处地得为别人着想，良好的行车习惯就会在不停地反思中形成！

（二）开车，除了尽量发现别人，更重要的是让别人知道你的存在。

之前我们就提到过，行车的实质就是车辆与车辆之间的相互配合，那么配合的前提是什么？是先要让别人知道你的存在！别人都不知道你的存在，何谈配合？

举几个例子，你就能明白这句话的意思。

进隧道，你有开近光灯的习惯没？你有没有过这样的经历，在隧道里行车，猛然发现前方居然有个车！这种隧道行车不开灯的司机很容易被追尾！他偷偷摸摸的，根本就不打算让别的车辆知道他的存在。

超车对于每个司机来说都是个坎，非常容易出危险。高速上你超车的时候，是偷偷摸摸接近别的车辆，还是会鸣笛晃灯提醒别人注意呢？很多人超车失误喜欢责怪前车乱打方向，你有没有考虑过自己的问题出在哪里？如果你提前鸣笛提示做到位，让前车知道了你的存在，他还会乱打方向么？

常跑高速，你就会留意到，很多大车的货物是超宽的，这种车很可怕，后视镜被遮挡，司机变道完全凭感觉。如果这时候你的工作再没有做到位，没有让别人知道你的存在，那你的命运是否就交给了运气呢？

还有，你从岔道口或者是支路进主路的时候，是快速猛然扎进去，还是减速在交汇处鸣笛提示再进入呢？

在岔道口一头猛扎进主路就是典型的忽略别的车辆感受的做

法，所以非常容易发生剐蹭！

这种例子非常多，请结合自己的险情，思考一个问题，在你之前发生的险情中，是否有过因为他人没有注意到你而发生的险情呢？

所以，请跟着梦飞养成第二个习惯，当你准备做动作的时候，问问自己，我这么做，方便让其它车辆发现我，知道我的存在吗？

（三）开车，凡是发生了剐蹭，一定是自己的错误，要反省自己！

2013 年自驾云南，我和同行好友痞子轮流开车，真正意义上的险情没有遇到过，但是小的状况还是碰到过。

在外地碰到剐蹭是一件非常麻烦的事情，肯定不占优势，有时候还会给自己惹上大麻烦。所以但凡市内我都不让痞子开，亲自操刀，以确保万无一失。

旅途当中，我严肃地说过痞子一次，那是从景东到大理的路上，刚下 S222 省道，快到祥云县城，有个人骑车晃晃悠悠在我们右前方骑行，在痞子快接近他的时候，他突然左拐，吓得我半死。

幸亏速度不快加上痞子年轻反应快刹车及时，才没有剐蹭。当时我就急眼了，痞子呢，他也挺委屈，说那人骑车拐弯也不看看后面有没有车，突然就拐了，确实很难防备啊，我本身没有过错嘛。

后来我告诉了痞子一个道理：凡是发生剐蹭和险情，不要去怪路况，一定是反省自己，这样才会飞速进步。

除非别人故意撞你，这个躲不了，但凡正常的路况，发生险情或者剐蹭，一定是你自己的问题！有了这条原则，当出现险情的时候，不断反省自己，就会一次比一次谨慎，一次比一次游刃有余。但如果你总认为是别人的错，自己没错，下次碰到相同的路况，采取相同的处理方式，说不定就出大事了。

人只能保证自己百分百谨慎，谁能保证自己百分百幸运？！

请结合自己的开车状况思考一下，如果你经常急刹、遇到险情的频率很高，这时候就应该反省一下自己了。

再来举几个例子进一步说明一下这个问题：

像刚刚痞子遇到的情况，在市内经常遇到，能避免吗？

当然可以！如何避免？看到前方非机动车在你面前摇摇晃晃的时候，就一定要警惕，告诉自己，他有可能会突然拐弯。这时候先提前鸣笛提示，然后刻意拉开和非机动车的横向距离，最后缓慢超越，随时做好刹车准备。

这三条原则是相辅相成的，之所以那人突然左拐，是因为他不知道痞子离他很近了，如果知道后方有来车快要撞上他了，他还会拐弯？

所以，痞子同时也犯了第二条的错误，没有及时让别人发现他的存在。

险情当中抱怨最多的是市内的十字路口。

前两天还有个车友给我留言，说在十字路口追尾了前车。情况是这样的，绿灯的最后几秒，横向有非机动车闯红灯，前车突然急刹躲避，他刹车不及惨烈追尾。

他跟我抱怨了一通，说前车司机是个女生，女生就是不会开车，哪有这样突然急刹的。

我给他分析了一下路况，告诉他，这其实是你自己的错误，你不能怨前车。

为什么是他的错误呢？

到了十字路口你必须减速，减到 40km/h 以下，就算是看似空无一人的路口，就算是绿灯还剩两秒，你也必须减速通过，这有几个人做到了的？

在路况复杂、危险频发的十字路口，除了强制自己减速，还有什么万能的方法，能让自己在万千复杂的十字路口万无一失？

所以，你应该反省的是自己！下次遇到十字路口，就会更加谨慎了。

如果你认为是前车的错误，下次还是高速过路口，就有可能不是只追尾这么幸运了！

他听完，心服口服。

一个成功的人，善于反省自己的错误。一个成功的司机，也一定善于反省自己。抱怨起不了任何作用，你要做的就是保证自己百分百遵守规则。

所以，请跟着梦飞养成第三个习惯，遇险情先从自己身上找问题。

开车三句话，希望真的能给你带来启示。

《开车就是一场修行》其实是我蛮早的一个作品，也是非常满意的作品之一，因为它跟大家讨论的不是技术，而且直达内心深处，有关于开车本质的那点问题，用它来作序再合适不过。

现在大部分人脑海当中都把开车定义为一个技术层面的问题，出现了剐蹭都是从技术上去寻找原因，殊不知，决定一切的其实是意识和习惯。

市面上的行车教材，都是给你抠技术上的细节，而不会给你行车的大原则。很多人发生剐蹭了之后，根本就不知道本质的原因出在哪里，所以也无从改正。

这本书就是试图给你构建一个开车的大原则，把你从技术的山脚拖拽到山顶，纵览全局换一个角度去思考。当有章可循、有原则可依的时候，发生了剐蹭你就知道问题的根子出在哪里，今后努力的方向在哪里。

我们都知道，靠一本书解决不了太大的问题，但是总得有人开始，梦飞总是坚信星星之火一定可以呈现出燎原之势，这只是时间问题，期待中国交通彻底改善的那一天！

与君共勉！

柳实自序

与梦飞聊起共同创作《开车是一场修行》这本书时，有一种相见恨晚的感觉，很早以前就想写一本类似的书，却一直没能如愿。其实，真如梦飞所说，开车是一场“修行”，能把车开动、开走，那是最低级的。修行，就是需要学习，需要磨练自己，提升自身的驾驶修养。

而如今，有一些开车的人，不学习，或仅凭道听途说，恣意妄为，又如何能把车开好，又怎能保证安全？缺乏开车的基本知识和做法，轻则违规违章，重则造成道路通行无序，拥堵混乱，甚至发生车毁人亡的恶性事故。我国每年因道路交通事故，吞掉了约十万人的性命，而邻国日本每年因道路交通事故死亡的人数不足五千。为什么竟有这么大的差距？这主要还是缘于我国机动车驾驶员自身的修养、“修行”不够。

众所周知，人是影响交通安全最活跃的因素，每年因机动车驾驶员过失造成的交通事故占了绝大多数。那么为了不让悲剧继续上演，就需要每一个开车的人进行一场“修行”。

我认为，这里所说的“修行”，就是修正自己不正确的做法。古人云：君子博学而日参省乎己，则知明而行无过矣。比如，我们每天在路上都能见到一些需要“修行”的驾驶员，他们经常“争道抢行、强行猛拐”，不礼让斑马线上的行人，特别是不礼让过马路的老人和儿童，不礼让救护车、紧急救援车等等。

更可怕的是，这些驾驶员自身并不知道、不懂得自己需要“修行”，缺乏最基本的行车安全意识，拿自己和他人的生命安全当儿戏，随性而为。特别是现在随着我国城市化进程不断推进，城市交通问题日益严峻，这就更要求我们的驾驶员一定要具备与之相应的驾驶素养，在路上行车时要有理性、平和的心态，不能想怎么开就怎么开，这样才能通过我们共同努力，真正达到安全有序，行驶畅通的最终目标。而那些驾车闯红灯、酒驾、毒驾、超速、超载、占用应急车道的驾驶员就不仅仅是“修行”的事了。

我认为“车如其人”，什么样的人就会开出什么样的车。比如说，不礼让老人、儿童的开车人，平时很可能是个自私自利、缺乏换位思考的人；争道抢行、加塞儿不排队的开车人，很可能是个道德缺失、爱占小便宜的人；而闯红灯、常常占用应急车道的开车人，十有八九在生活中其他方面也是个我行我素、不守规矩的人；至于酒驾、毒驾这些行为本身就已经属于严重的违法犯罪行为，这些人应当先通过刑罚的改造再进行驾车的“修行”。

老一辈人有个说法，通过开车就可以了解一个人，通过开车可以看出人本质的一些东西，比如：脾气秉性、家庭教育、文化素质、生活习惯等，都会有所体现。

另外，我认为人的很多东西是相互影响的，就开车而言，其实很多人受到外界环境潜移默化的影响，有时候既是出于利己又是出于盲从，经常有人认为“都加塞儿我凭什么排队”。殊不知，你在非法占用他人道路资源的同时，也就意味着你抛弃了本身应有的一些资源和权利，实则不是明智之举，贪小便宜吃大亏，本来大家按序排队行车 5 分钟都能过去的路口，变成了 20 分钟后还在进行车技大比拼的竞技场。长此以往，恶性循环下去，不堵也给大家添了堵，不乱也给自己添了乱。我建议我们的驾驶员有机会可以看看一些发达国家的路上驾驶行为，再回头看看我们自身的一些做法，可以说，是触目惊心的。

再说说“修行”吧，我认为开车的修行，首先要从思想认识上开始，每个开车的人，一定要认识到，开车是我们生活中具有危险性的一件事，因为它不仅关系到驾驶员自身的生命安全，更关系到众多人员的生命安全。由此我想到了，三十几年前我刚学开车时，我母亲和我说的一句话，她说“儿子，从今天开始，你就天天同铁老虎打交道了”，我当时并不能完全明白其中的含义，但是今天我深深地体会到，即使我能够驾驭、驯服这只铁老虎——汽车，可它毕竟是有兽性的，稍有不慎，它就有可能原形毕露、兽性大发，咬人、伤人，很多交通事故就是因为驾驶员上路前对开车这件事的风险性认识不足造成的，麻痹大意、因小失大，其实完全可以避免。因此，开车的“修行”必须从思想上敬畏开车做起，当您开车上路时，请严肃认真、一丝不苟、全神贯注。与此同时，还要不断学习开车的知识和理念，掌握开车的技能和方法。

《开车是一场修行》一书中，讲述了很多开车的经验和方法，它是老驾驶员在多年驾驶过程中经验的总结和知识的积累，对于当今社会的驾驶员而言，是部交通法规之外的行车准则，并且更加贴近于日常生活中的实际驾驶。要学开车，先学做人，希望广大的驾驶员朋友能够通过此书，日省月修、取长补短、文明驾驶、安全上路，不断提升自身的驾驶素养和技术水平。

是为序。

目 录

第一章　司机必备基础知识，你做到了吗？

第二章　市内这样做，安全无剐蹭

市内的七条箴言

- 不要与行人、非机动车争抢。
- 脚一定放在刹车上。
- 开小差最危险！
- 斗气？斗命！
- 提前减速的必要性。
- 自身多观察。
- 谨慎面对盲区。

Contents
目 录

Contents

目　录

第三章　看完这些，再走高速路

不要改变几个家庭的正常轨迹

➢ 超速驾驶！疲劳驾驶！违规停车！

➢ 成为扼杀中国家庭幸福的三大主要杀手！

➢ 如果每个司机在每次出行之前反复地告诫自己：

（一）我承载的是一家人的幸福，家人需要我安全回家。

（二）我可以幸运一次，但不可能幸运一辈子，我的生命只有一次！

（三）严格按照交通法规规范行驶！高超车技的最高境界是按规范驾驶！

那么，每年中国至少有 6 万个家庭，可以保持完整、幸福。

Contents
目　录

>>

Safe Driving Wisdom

Driving is a practice

第一章

司机必备基础知识，你做到了吗?

1. 上车前绕车一周

上车前，应该绕车一周，看看是否漏油、检查轮胎是否亏气。

很多司机真的就是把车仅仅当成了一个代步工具，对爱车缺乏良好的关心和保养。

很多修车的师傅说，其实很多大修车辆，在一开始都是从小问题慢慢演变成大问题的。如果车主上心一点、细心一点，在出现小问题的时候就及时发现和解决，一般的车辆在不出现事故的情况下是可以避免大修的。

所以，日常的观察很重要。

其实上车是一件很讲究的事情，做好这点就可以避免掉很多麻烦。

大多数人上车就是开门、启动、走人，也不管车胎是否有气、车底是否有漏油。这是非常不好的习惯。

上车之前，有哪些地方是一定要观察的呢？

a. 绕车一周，看看四个轮胎是否有气、是否扎钉。

轮胎的保养非常重要。当你开着没气的轮胎行驶，方向盘会抖而且会跑偏，最重要的是，亏气行驶会对轮胎造成伤害，有时候甚至会导致轮胎报废。

就算四个轮胎有气，也要看看是否扎了钉子。有的钉子不会直接戳破轮胎，但是如果你任由钉子在轮胎里不拔出来的话，在长期的挤压下，就会扎破轮胎，导致轮胎突然漏气，在行驶中会造成事故！

b. 看看车下是否有油品泄漏。

有时候，你在不自觉的情况下伤了底盘，导致油品泄漏。这里面有很多种情况，漏汽油或是转向油……

一旦你发现车下有油品泄漏，要第一时间把车送去修理。如果没有养成上车前观察的好习惯，忽视了漏油的问题。在行车过程中，就会碰到大麻烦。

c. 看看是否有动物趴在轮胎上或者躲在车底下。

冬天，流浪动物最喜欢躲在车下，或者趴在轮胎上取暖。如果事先没有观察，容易造成不必要的生命伤亡。

d. 上车前绕车一周还有个非常重要的环节就是查看车尾部的情况。

车辆尾部是一个很大的盲区,倒车的时候非常容易发生剐蹭。如何避免呢？就是要倒车前对车后情况的了解程度，特别在陌生的环境中，倒车之前一定要对车后情况进行查看，而且要预先设计好倒车路线，这样才能有效避免倒车的悲剧。

2. 上车后做的动作、关于热车的话题

很多司机都不知道行车电脑具有自检功能。如果他们上车直接点火，就会跳过行车电脑自检这一项，从而也会忽视很多安全隐患。

首先，上车应该把钥匙拧小半圈（就是在发动机点火的中间还有一个波段），这时候行车电脑的自检程序会启动，行车电脑的屏幕很多图标会亮起，比如机油图标、制动图标、ABS 图标等。电脑会自动对整车进行一个自我检测。

当你点火后，所有的图标都会消失，如果哪个图标常亮，就说明车子的相应部分出了问题，这时候应该及时送修，特别是红色图标亮起的时候，不管不顾接着使用车辆，有可能会对车子产生大的损伤。

在行车电脑自检的这段时间，你就应该系上安全带，也应该提醒副驾驶系上安全带。

然后点火，在车刚开始起步的那一小段距离，机油无法迅速地到达全车，很多部件都得不到有效润滑，所以车友应该养成热车的习惯，热车是为了让机油以最好的状态润滑全车，保护整车部件，让车辆的磨损降到最低。

热车根据地域和季节的不同，时间长短会有所区别。

如果温度较低，机油粘稠度就较高，达到最好润滑状态的时间就较长，这时应该稍微延长一点热车时间，但原地热车时间也不宜超过一分钟。

有时候天气很冷，即便是原地热车 1 分钟还无法把机油预热到理想状态，但是又不能继续原地热车了，怎么办呢？怠速热车。慢慢起步，切忌大油门轰车，怠速行驶到水温正常即可（60 度以上），有的没有水温表的车辆，就是试油门的脚感，达到正常状况即可。

就算热车了，在刚起步的那几分钟内，也不宜猛踩油门急加速，应该缓慢驾驶，让车况达到更好的状态再加速行驶。

3. 正确的坐姿

有的司机开车特别容易疲劳，其中有可能是因为坐姿不对，让身体太过于紧张所致。

正确的坐姿不但有利于缓解疲劳，而且在突发事件来临时，也不会由于坐姿的问题导致处置不当。

关于坐姿，有 4 个位置需要调整：

a. 调整座椅与踏板的距离。标准是腿自然弯曲达到一个舒服的状态，既不会影响踩踏的准确度和力度，又不会让腿部感到疲劳。

b. 调整方向盘的位置。一般的车，方向盘都是可以上下前后调整的。标准是让手臂微弯时达到舒服的状态，既能让手可以打到方向盘的极限位置，又不会让肘部容易疲劳。

c. 头枕的调整。头枕一定要能托住后脑勺！这样在猛烈撞击的时候，才能保护颈椎不受到伤害。

d. 调整靠背的倾斜角度。不能太靠后，过于舒服的姿势加上单调枯燥的驾驶过程会让司机容易睡着；也不能太靠前，腰椎容易疲劳，因此以稍倾斜为宜。

标准是手臂自然伸直，双手搭在方向盘的上沿，手腕处与上沿重合是最好的状态。

所有的项目调整完后，一定要看看视野范围如何。

4. 后视镜的调整

中国司机通常有这些要命的几大陋习：

a. 变道不看后视镜。

b. 变道不打转向灯。

c. 贴着后车超车，不预留一个安全距离。

这三点相信在平时开车的时候，大家都深受其害，或者自己就存在这些毛病。汽车工业已发展超过一百年，安全带，后视镜都是经过反复论证后留下来的必备汽车部件，所以一定是有极大用处的。

很多新手不知道如何看后视镜，更不用说去正确调整后视镜了。

后视镜的用处非常大，它的作用不仅仅在变道的时候。后面我会告诉你，如何通过观察后视镜来避免麻烦。

这么有用的工具，我们应该如何调整才能让它发挥最大的作用呢?

后视镜，顾名思义，就是可以通过它了解车辆后方的状况，所以你既需要掌握自己车屁股的位置（方便倒车）又需要了解后方其它车辆的动态（利于变道）。

后视镜的位置过于靠内（车屁股占后视镜的大部分）虽然有利于倒车，但是不利于及时观察后方的车况，这样比较危险。

后视镜的位置过于靠外（看不着车屁股），虽然对后方车辆能快速把握，但对自己车的后方一无所知，也非常危险。

如何调整才能两方兼顾呢?

梦飞后视镜调整的方案如下:

调整后视镜之前，请你保持驾驶时的习惯坐姿，如果刻意为之，就没有意义。

a. 左后视镜，让车屁股占后视镜的 1/4，地平线的尽头占后视镜的 1/2。

b. 内后视镜调整没有任何技巧，就是尽量让你的视野越大越好。

c. 右后视镜，让车屁股占后视镜的 1/4，地平线的尽头占后视镜的 1/3。

这是梦飞的习惯调法，需要说明的是，车屁股占后视镜的 1/4 是可以定下来的。

但是地平线占后视镜的多少还是要根据你自己的习惯和舒服状态来调整，一般左后视镜会固定在 1/2；右后视镜，地平线从 1/3 到 2/3 之间都可以，你自己决定！

5. 39 点握盘

正确握方向盘，这件事意义重大！

首先，开车一定要用双手！

很多司机喜欢耍酷，单手开车，一个手握方向盘，另外一个手放在档位上，或者是抽烟。高速上单手开车隐患巨大，因为速度快，一旦遭遇紧急事故，方向盘会剧烈抖动，这时候一只手握方向是根本不够的！

其次，即便是双手开车，应该把手放到哪个位置呢？

如果把方向盘当作一个钟表，分别把最上、下、左、右当作 12 点、6 点、9 点和 3 点，在 2000 年之前中国驾校培养的司机都习惯 10 点、4 点式握法，这种握法，适用于之前没有助力转向的车上。而且在紧急躲避时候，打方向来不及换手。

现在最流行、也是备受推崇的做法是 9 点、3 点握法。

这种方式有如下好处：

a. 遭遇紧急情况时，可以达到最大的转幅。

b. 回正的时候，可以保证轮胎与前进方向一致，无偏差。别小看这一点，方向能不能回正关键时刻决定生死。

人在紧急状态下是没有思考时间的，一切反应都是基于习惯和条件反射。所以，请养成 39 点握盘的好习惯，另外，正确的握法会让司机在长途旅行中，减少手部疲劳！

最后要说明一点，一些司机喜欢在方向盘上套上方向盘套，特别是女性司机，还喜欢买那种很花哨，边上是蕾丝或者娃娃的方向盘套。

这样的隐患特别大！

大家去百度搜搜“方向盘套事故”就会发现，很多事故是由于方向盘套打滑造成的，也就是说，你打了方向，转的只是方向盘套，而方向盘没动。还有一些事故，是由于方向盘套缠绕在衣袖的拉链上所致。

如果无法正确把握方向盘，高速上的瞬时情况是会致命的！

所以，请远离方向盘套，避免不必要的麻烦！不要把正确使用方向盘当作是小事，养成良好的习惯，关键时候会救你一命！

6. 安全带话题

安全带这个话题，其实已经说烂了，即使是说烂了，中国还是有七成的司机是不系安全带的。司机都不系，就别提副驾了。前面都没系上，后排乘客就更不要提了！

人在哪些情况下会真正意识到自己的错误，然后加以改正？

a. 自己吃一次亏。可是在高速上，有时候你吃了一次亏，就不再会有第二次机会了！很多时候都是一家人整车出行，一有闪失全军覆没！

b. 看别人事故后的惨状。图片越惨痛，对你的震动就会越大。

其实，不仅司机和副驾驶要系上安全带，在高速上，后排乘客都应该系上安全带！

我买车半年就带着父母跑了高速，知道副驾驶不安全，把他们安排在后排，但是整个旅途他们都没有系过安全带！现在想想都后怕，万一遭遇车祸、翻车或者车打转，后排乘客很容易会被甩出去！

很多人认为市内速度慢，系不系上安全带无关紧要，其实不然。

在任何时候都必须系上安全带！如果对此还不屑一顾的同学，你可以做这样一个实验。你坐副驾驶，让司机在 25km/h 的速度急刹车，看看你会不会碰头！体验过以后，你就知道系上安全带真的很重要。

7. 车内必备物品

有一些小工具在车内是必备的，它们在危急时候能救你的性命，这点请大家一定要重视。

那么哪些小工具是大家必备的呢？

a. 破窗工具！

你们还记得北京暴雨那晚溺亡广渠门桥下的丁先生吧？车陷入水中，水压太大，他无法打开车门。不幸溺亡！还记得那年京沪高速上惨烈的几十车相撞起火吧？大部分人不是物理撞伤致死，而且困在车内活活烧死！

如果车内有个破窗工具，那么情况就完全不同！

就算你有了破窗工具，也未必能救你的性命！关键还要看你放在哪里！

放在后备箱？完了，关键时候拿不到！

应该把破窗工具放在副驾驶前面的抽屉里！这样伸手就可以拿到，而且门关上了，就算车子侧翻，也不会掉出来对人造成损伤！

我相信这一条会救很多人的性命！！！请广泛告知你身边的司机朋友！！！

如遭遇紧急情况，要知道两个原则：前后挡风玻璃不易敲碎，应该敲击侧方的四块玻璃；玻璃的中间不易碎，应该敲击玻璃的四个角！

b. 随车工具包！

每部车都附有工具包，里面通常放置了一些基本的工具，包括扳手、螺丝批、轮圈匙，千斤顶（爆胎换车胎用），绳，手电筒、搭电工具、三角牌（临时停车放置车身后150米处）等。

c. 车用灭火器！

很多车是电路起火，但是车主没有配备灭火器，导致火势蔓延，最后整车烧毁！

d. 随身携带小型医药包。

用处不用我再多说吧？

8. 行车记录仪

行车记录仪是车内必备物品，它可以把路上发生的一切记录下来，防止不良企图的人碰瓷找茬儿。

安装也很容易，把支架贴在玻璃上，然后卡上记录仪即可。

长途行车时，你最好配备一个，很多车祸视频都是行车记录仪记录下来的，这有三点好处：

a. 拍违规，遇剐蹭可以作为证据。

b. 防碰瓷儿。

c. 录下风景！

9. 导航

车上最好能配备一个导航，导航是个好东西，特别是在市内转和找高速入口的时候，这样会省去找路的麻烦。不过中国现在在整体大建设，道路变化很快，要及时更新你的导航，就算是最新的版本，也不能尽信，有时候导航也会带你走弯路，毕竟机器的东西还是不完美。

所以在长途旅行之前，我们应先在网上查好路线，看看网上的路线建议，做到心中有数。

在这里，我特别提醒一句，在行驶的时候切勿操作导航，走神是高速的大忌！应该让副驾驶帮忙操作，或者先安全停好车，再来操作，切记！

10. 为什么车内不能放这些东西

很多司机，为了让车内更加美观，或者更加有个性，会在车内摆放很多挂件或者摆件。有的女性司机还喜欢在后挡风玻璃前放一堆娃娃，其实这非常不可取。

大家百度一下“车内饰品事故”，就会搜出很多由于车内饰品而引发的事故。

首先，挂件和中控台的摆件和挂件，很容易遮挡司机的视线，增加不必要的盲区，容易让司机看不见从侧方窜出来的车辆。后挡风玻璃前的娃娃，很容易影响司机对后车的判断，视线被遮挡，有时候后方有车突然超车，你无法看见，这在高速上是致命的！

其次，一旦发生碰撞，这些无法固定的饰品，会随车的翻滚而运动，容易对司机和乘客造成二次伤害，而这种伤害有时候比撞击的伤害还要致命。

所以请大家清理一下车内的饰品。

11. 儿童安全座椅

在南昌市内，我经常看到家长接孩子回家，直接让孩子独自坐在副驾驶，有的孩子还打开窗户，或者在副驾驶座位上乱爬，甚至把头伸出天窗外。这时候我内心就无比酸楚，中国大部分家庭都是一个孩子。如果因为自己的无知疏忽导致孩子出了安全问题，这将是一辈子的伤痛。

你是真的爱自己的孩子吗？那么，在开车过程中你有如下行为吗？

a. 让孩子坐在副驾驶。

b. 独自放孩子在后座玩耍。

c. 给孩子系成人安全带。

d. 任由孩子把手伸出窗外。

e. 任由孩子把玩门把手。

f. 把孩子一个人放在车内，并且没有熄火。

如果你有过这些行为，那么请迅速改正。要知道，对于孩子来说，最重要的是什么？锦衣玉食？成绩优良？都不是，是安全长大！而中国的家庭教育中最缺失的恰恰是安全教育！

多少家长带着孩子闯红灯？

多少家长任由孩子在副驾驶肆无忌惮？

多少家长告诉过孩子骑自行车一定不能骑在机动车道？

家长们，好好反省一下自己吧！

我们来盘点一下有关孩子安全的误区：

为什么孩子不能系大人的安全带？

因为安全带是根据大人的身高和骨骼承受能力设计的。在快速撞击下，孩子一旦受到较大的冲击，大人的安全带会割伤孩子的颈部，甚至把孩子勒死。

为什么孩子不能独自放在车后座？

因为孩子乱玩把手，可能会打开车门被甩出车外，而且急刹车会使孩子从后座甩出车外。

为什么孩子不能把身体的部位伸出窗外？

因为高速行驶时，窗外任何障碍物都犹如利刃，会割伤孩子，甚至会导致孩子的死亡！

市内速度慢，我可否抱着孩子在副驾驶？

不可以，25km/h 速度以上急刹车，都会对孩子造成伤害，一个 16 公斤重的孩子在时速 70 公里的时候，相当于一个 280 公斤重的物体，你根本抱不住，而且一旦发生险情，不是你保护孩子，而是孩子变成了挡在你前面的肉盾。

那我系上安全带抱着孩子，可不可以？

孩子最脆弱的是颈椎，发生碰撞，安全气囊弹出，这时候的安全气囊变成了一枚子弹，时速 40km/h 的时候，颈部的承受力高达上千公斤。孩子的脖子会瞬间扭断！

这时候，抱在手上的孩子成了你和撞击物体间的安全气囊！

为什么我不能把孩子一个人留在车内？

这种悲剧发生得不少了。比如长春的小浩浩，就是因为父母的一时疏忽把他留在了车内，让歹徒有了可乘之机，导致了不可挽回的后果！

而且孩子就是个好奇天使，会在车内乱拨乱弄，导致发动车子的事件不在少数。

所以不管时间多短，都应该把小孩抱下车！

那我应该怎么办？

平时应该不停地灌输给孩子安全意识——不要闯红灯，不要玩门把手等。

乘车时候根据孩子的年纪和身高，配备安全座椅，并且放在靠司机那边的后座。

这样无论车辆发生怎样的剧烈晃动，孩子都会被牢牢固定在车上，最大程度保证了孩子的安全。

12. 你必须知道的车辆盲区

盲区，对于开车来说是很可怕的。可怕的地方在于，不是没有足够的处置时间，而且压根不给你任何机会。

很多司机恰恰忽视了盲区,有的司机甚至不知道盲区的存在!

那么，开车时有哪些经典的盲区呢?

其实盲区的范围,是根据车型和司机身高的不同有所改变的，但是只是细节上的范围大小的小区别，大概的位置和盲区的点还是固定的。

你知道这些盲区吗?

a. 车前，无论你把座位调节得多么得舒服，座位调到多高，车前保险杠的位置你还是看不到的。

车前保险杆上下的位置是一个盲区,这个盲区只要稍加注意，不会给司机带来多大的困扰。方法就是上车前要看看车前是否有遮挡，或者障碍物。在小区的时候，要留意车前是否有小朋友和小动物。

b. 车的 A 柱和 B 柱。

车的 A、B 柱是车辆的基本骨架，它们在安全的角度上来说有利有弊。

A、B 柱的粗细决定了整车的刚度，一般来说，越粗整车的刚度越好。但是越粗就代表盲区越大。

A 柱的盲区，主要出现在拐弯、掉头上；B 柱的盲区，主要出现在倒车上。

避免的方法，就是在拐弯和倒车的时候尽量慢行，缓慢打盘留有余地，防止行人和非机动车从 A、B 柱盲区窜出。

c. 后视镜盲区。汽车发展过百年，车内任何一个部件都不会多余，如果你没有用上一定是不安全的。比如安全带、比如后视镜。

如果一个人说我开车从来不看后视镜，看前面的就行了，他吹嘘自己是行车高手，没有人会相信，不看后视镜开车，出现剐蹭是早晚的事儿。

所以我一直建议新手，倒车是其次的，学会用好后视镜才是首先需要解决的问题！

有了后视镜之后，是否就万无一失呢？

不是的，后视镜也存在盲区，就算在后视镜上贴了盲区小圆镜，也是有盲区的。

关于盲区小圆镜大家一定要注意以下几点：

（a）它只能消除一部分盲区，最重要的还是要养成良好的驾车习惯。

（b）它对后车图像会产生变形和距离失真，会影响司机的判断！

所以，盲区小圆镜适用于倒车，而不适用于前进！

后视镜，有一个很重要的盲区，就是以车身为 X 轴，以后视镜为 Y 轴，30 度 ~90 度的范围。

你一定遇到过这样的情况，明明在后视镜是没车的，但是一扭头，发现有辆车在距离你差半个车身的位置，这就是后视镜的盲区。

后视镜盲区一定要得到重视，否则会引起很严重的剐蹭！如何避免？这就要掌握变道和拐弯技巧了。

后视镜盲区剐蹭，主要出现在变道和拐弯上。

所以，无论是变道还是拐弯，都要注意以下问题：

（a）提前打转向灯。不打转向灯其实是对自己的不负责任！提前告知后车你的意图，对保障自身安全尤为重要！

（b）反复确认后视镜，试探性缓慢打盘，等待几秒，确认无车后，再变道，或者转弯。

（c）如果你的盲区有车辆，他看到你一系列动作会有所回应，比如鸣笛或者晃灯。

这时候，你一定要等他通过，不能强行，否则很容易发生剐蹭。

（d）如果你在别人车辆的盲区中，要密切关注对方的动向，最好鸣笛提醒，以防对方忽视你的存在。

总之，在变动的时候不能太突然，要给后车反应、回应的时间。

d. 车后盲区

车后盲区的范围比车前的要大，低于后备箱的部分基本都是盲区，建议安装倒车雷达，虽然不能解决全部问题，还是能起到一些辅助作用。

车后盲区主要会给司机带来倒车方面的困扰，解决方案有三个：

（a）倒车要慢，快则容易生事。

（b）倒车前要观察地形，看看有哪些需要注意的点。

（c）到了小区等复杂路段，有条件的话，还是让同伴帮忙在后面指挥。

大家一定要重视车辆盲区的存在，行车的时候反复提醒自己有盲区，确保万无一失。

13. 不要往窗外乱丢垃圾

请一定要做到，不要往车窗外丢垃圾！

每年有很多清洁工，就是在车道上清理垃圾的时候被撞身亡的！这些车道垃圾都是车主在车上随手扔下来的，想想吧，你一个方便自己的举动，可能会害人性命，害了人家一家人，你忍心吗？

而且在车道上清理垃圾的人员也会给行车带来隐患，比如，立交桥的出弯处突然看到个人，有的司机就会惊慌失措，导致不良后果。

不要给自己的不礼貌找借口，在车上准备一个垃圾袋，等到了终点带下车！

随手扔垃圾，还可能给后面的车辆带来困扰！瓶瓶罐罐可能会导致后面的车辆躲闪不及，爆胎，玻璃制品会导致后面的车辆扎胎。

人应该敬畏生命，相信善恶因果，行为处事多为他人着想。相信你自己也不希望行走在满是隐患的道路上或者开着开着车迎面飞来一个易拉罐吧？

14. 锁车的时候

现在大部分车型都是电控开关，也就是遥控钥匙。在国内发生过很多这样的盗窃案件。就是车主明明记得是锁上了车门，但是东西在窗户和门都没有破损的情况下被盗。

这是什么原因呢？

因为有一种东西叫做电子干扰器。有人躲在暗处，在你按下锁门键的时候，使用电子干扰器。你也看到闪灯，也听到响了，以为车辆锁好了。但其实在干扰器的作用下，车辆根本没有锁上。

等你离开后，犯罪分子就能轻而易举地打开你的车门，拿走你的东西。

所以要养成这样的习惯，在每次锁完车门后，都拉一下门把手，确认车辆是否真的锁上，让犯罪分子没有可乘之机。

15. 下车的细节

不知道大家是否遇到过这样的情况，白天发动车子，发现车辆打着后狂抖，这是什么原因？

这是电瓶亏电了，等你着车一段时间，给电瓶充了电后，再次启动，抖的情况就会消失。

所以一定要保护好电瓶的电量，否则打不着车会非常尴尬而且麻烦！

怎么样才能保护好电瓶的电量？

a. 下车后，应该检查所有的电器。比如关好车灯和音响，以及拔掉插在点烟器上的电器插座。

b. 在熄火的状态下，不要在车内长时间收听收音机，这样会导致电瓶亏电。

c. 应该随身携带搭电线，万一电瓶完全亏电，可以向其他车辆求救搭电。

下车有非常多的步骤要完成，还有一个习惯是，下车后要检查所有的窗户是否关严，特别是天窗。

我有个朋友有一次忘了关窗，又遇到下暴雨，事后都是用盆子把水舀出来的。

一时的疏忽会给自己带来很多麻烦。所以上车前绕车一周，下车后绕车一周，这个两周的好习惯会给你消除非常多的隐患和麻烦。

>>

Safe Driving Wisdom

Driving is a practice

第二章

市内这样做，安全无剐蹭

在市内行车，以下这些情况你一定不陌生——

行人闯红灯；

突然有行人在路口窜出；

前面的车辆毫无征兆地突然变道；

一辆车骑着线晃晃悠悠地左摇右摆，也不知道到底要往哪里走；

有的司机占着快车道慢慢悠悠地晃悠；

摩托车突然从斜刺里杀出，要么就在车流里杂技似地穿梭……

不错，以中国的大部分地方的交通状况来说，市内行车就是锻炼一个人忍耐力的最好方式。

但是，当你在抱怨整个大环境混乱，别人不遵守交通规则的时候，你是否严格要求了自己，严格地按照交通法规行车了呢？

你是否养成了上车就系上安全带的好习惯？

你变道的时候是否打了转向灯？并且反复确认过后视镜？

你是否在堵车的时候不加塞，按照规矩排队？

你是否拒绝酒后驾车和开车抽烟、打电话？

己所不欲勿施于人，只有每个小小的个体都严格要求自己，大环境才能真正得到改善！

要期待良好、高素质的行车环境，先成为那个高素质的安全驾驶人吧！

话说回来，市内行车究竟难在哪里？

难在交通状况复杂，而且给人的反应时间非常短，如果平时没有养成良好的行车习惯，行车状况会非常糟糕。

中国的道路交通法规定：行人、非机动车属于弱势群体。

何谓弱势群体？

就是不管他错上了天，比如乱闯红灯、酒后驾驶摩托等诸多藐视自己生命的举动，只要你与非机动车或者行人有刮蹭，你就一定是负有不可推卸的责任。

在这种值得商榷的大环境下，如何当一个好司机，如何有效地保护自己，如何不给自己带来麻烦，非常值得大家学习。

那么市内行车有没有放之四海而皆准的原则呢？

当然是有的，梦飞给大家盘点了几条大原则，如果严格遵守了这几点，把它们牢牢记在心中，时刻提醒自己，一般来说刮蹭的概率会非常小，但是很少人能时时刻刻保持清醒去做到，要知道，做到一时容易，一世难。

（一）不要与行人、非机动车争抢

一定要记住这个大原则，当你开车的时候，行人和机动车永远是最大的，无论对方多过火，在尊重生命和不给自己找麻烦的指导原则下，一定要对他们礼让、退避。

一时的冲动，往往会给自己带来麻烦，当你想到小小的忍让，能给自己节约下很多宝贵时间和金钱的时候，你内心就会平衡很多。

（二）脚一定放在刹车上

市内行车，脚闲着的时候到底放在哪里合适？这是一个极具争议的话题，曾经在梦飞车友俱乐部里，也对此进行过激烈的讨论。

你们一定听过谁在情急之下把油门当刹车踩，造成了不必要损失的案例吧？

这位司机就是习惯在闲暇的时候，把脚放在油门上。

闲时应该把脚放在刹车上，这样的好处很明显。

a. 避免把油门当刹车踩的悲剧。

b. 在出现紧急情况的时候，省去了把脚挪到刹车上的时间，别小看这一小段时间，很多时候是关键的救命时间！

当你以 45km/h 就是以 12.5m/s 的速度在市内行驶的时候，突发紧急情况，一般人从意识到危险到踩下刹车的时间是 1 秒，这时候车子已经窜出去 12.5 米了。

在市内，12.5 米是一个可怕的距离。

如果你的脚闲时能习惯性地放在刹车上，就可以赢得这段救命距离。

（三）开小差最危险

在市内最容易开小差了，市内景色变化频繁，路边的动物、广告牌、行人都有可能吸引到司机的注意力；开车打电话、抽烟和副驾驶聊天，也都很容易分散司机的注意力。

市内很多刮蹭都是由于司机开小差而引起的，这种情况多发生在开车3年以上的司机身上，这时候的司机，觉得自己已经从新手完美蜕变了，对路况比较麻木，所以3年以上的司机反倒比新手更容易发生刮蹭。

你们一定有过由于自己开小差而发生险情的经历。有时候一念之差，终将酿成大祸！所以在任何时候，只要是在开车，都应该集中精力。

（四）斗气？斗命！

市内另外一些事故是由于司机本身的情绪原因造成的。当一个人情绪失控的时候，造成的事故往往比较严重。

在十字路口造成事故的主要原因是什么？

抢黄灯，或者是抢最后的几秒绿灯。

司机为了避免等红灯急于通过十字路口，加上有些行人和非机动车辆不自觉闯红灯，两种原因的叠加，造成了恶性的后果。

斗气，主要是司机之间的一种不友好的行为，也是事故高发的诱因。

当你感觉到自己的情绪开始波动起伏，请告诫自己冷静。礼让不是丢人的表现，恰恰相反，是有素质的表现。

很多时候当你想急于证明错在对方的时候,自己也正在犯错!

开车平和最重要。在车流中抢线穿梭不是车技的表现，而是幼稚的表现。

（五）提前减速的必要性

何谓路况变化？就是当到了十字路口，岔路口、拐弯口、小区进出口和学校门口这些地方。

总之就是，不是两边无任何干扰的直路。

就算是看似无人一马平川的直路，也不宜车速过快，要时刻警惕有行人或者非机动车辆从盲区窜出。

为什么有的司机在十字路口或者岔道口碰到紧急情况无法及时刹车避免危险呢?

a. 没有相关的安全意识

b. 没有养成闲时把脚放在刹车上的好习惯。

c. 没有养成，逢路况变化就提前轻点刹车减速的好习惯。

事故发生的原因往往是车速过快，车速过快的根本原因还是没有预判精神，没有采取提前降速措施。

（六）自身多观察

你自己也一定恨这样的司机，在没有任何征兆的情况下就突然打方向变道，他的不足之处在哪里？就是碰到了自身变化的时候，没有在后视镜内观察。

己所不欲勿施于人，当你逢自身变化的时候一定要多加观察，直到确定安全为止。不要怕麻烦，小麻烦解决大问题。

有哪些自身变化的点呢？

a. 变道

b. 拐弯

c. 掉头

d. 倒车

当你养成逢自身变化就多观察的习惯，刮蹭等事故一定会离你远去。

（七）谨慎面对盲区

何为盲区？就是你视野看不到的地方，无法预料和估计的事情，对于司机来说是最恐怖的。

碰到这种地方一定要多加谨慎，反复确认。

哪些盲区经常出现事故？

a. 小区门口。

b. 超车时候，被超车辆的车前。

c. 会车时候，交汇车辆的车尾。

d. 公交车的车头。

e. 变道的时候，后视镜死角。

f. 夜晚，灯光无法照射到的地方。

g. 岔路口。

h. 路边停满车时，车辆之间的缝隙。

每当你碰到这些地方的时候，就一定要提前做好随时刹车的准备，以防万一！

市内的七条箴言

- 不要与行人、非机动车争抢。
- 脚一定放在刹车上。
- 开小差最危险！
- 斗气？斗命！
- 提前减速的必要性。
- 自身多观察。
- 谨慎面对盲区。

当你完美地履行这七条总则的时候，你就是一个合格的司机，一些不愉快的刮蹭也一定会远离你的。

在这七条箴言的基础上，我也详细总结了以下市内行车要点，让大家对市内行车有更加清晰而完整的认识。

1. 保持车距

追尾，是市内常见的事故。追尾的原因也多种多样：

a. 司机走神、开小差。

b. 前车急刹，后车跟车太近、没有保持安全距离。

c. 超车不当，变道不规范。

d. 车速过快。

其中，最典型的当然是离前车太近，没有保持车距。

市内行车，学会跟车是一项必须掌握的基本技能。基本准则是，无论何时都不能跟车太近。

那么，如何定义是否太近？

就是在行驶的过程中，以是否能刹住车为标准。

行车其实是车辆和司机之间配合默契程度的考验，优秀的司机会和车辆对话，对话的前提是摸清楚它的脾气和秉性。其中最重要的一点就是要掌握它的刹车距离，这是一项必做的功课。能刹住车才能跟好车！

有的司机就说了，跟近了容易追尾，那是不是越远越好呢？当然也不是！跟车太远，一是不利于交通效率，二是会被别人加塞，加上有的司机习惯不好，加塞的时候会斜斜地贴着你插入空挡，这反而更容易发生事故。

所以，跟车过远过近都不合理，一般来说，40km/h 的速度行驶时，以看到前车轮胎下沿为宜。

如果是堵车缓慢行车过程中，怎么定义是否太近？

就是以你是否能打盘子变道为标准。不要贴着前车的屁股，一点余地都不留给自己。因为前车有时候会突然急刹，如果你反应不过来，很容易追尾！

这种险情，我相信大家都遇到过。

在追尾和被人夹塞两个当中，两者取其一，你会选择哪个？

谁都不希望追尾，当然，被人夹塞也是一件非常让人不爽的事情，那有没有办法尽量两全其美呢？

技巧肯定是有的。

行车时，和前车保持刚好刹住车的距离；在停车等待的时候，和前车保持一盘打出去的距离，并且等待的时候，向右或者向左探出小半个车身。

这些技巧，不是每个人都能运用好。百分百完美的解决方案是没有的，但是一颗守规矩、不急躁、礼让的心，是解决大部分事故的法宝。

2. 变道规则

市内如何变道？

和高速上比，市内变道是更简单了还是更复杂了？

更复杂了！

因为市内路况瞬息万变，稍有不慎就有可能会刮蹭。

那么流畅、准确无误的变道，要经历哪些步骤呢？

首先，一定要掌握一个原则，变化多了，出错的概率就会增加，所以能不变道尽量少变道。

那些反复变道，在车流中左冲右突的司机，出现刮蹭的概率会远远大于老老实实开车的司机。

其次，根据前面我们介绍的总则来说，逢自身变化就需要多观察，变道就是一种很典型的自身变化。

那么如何在变道前进行正确的观察呢？

a. 视线离开前面的时候一定要把脚放在刹车上，先确认前方是否安全。很多事故都是发生在司机集中精力观察后方情况的时候。

b. 在确认前方安全的情况下，迅速扫一眼内后视镜，纵观后方道路状况。

c. 打转向灯。变道不打灯是一项陋习，而且一旦发生刮蹭，全责的概率很大。打灯是对自己和他人负责任的表现，灯光是司机之间交流的最好语言，你只有把自己的意图通过灯光的方式告知他人，才能有效地保护好自己。

d. 在确认前方安全的情况下，迅速扫一眼你所要变道方向的后视镜，记住，是‘扫’不是‘看’，这是一个极其短暂的过程，视线离开前方时间太长是开车一大忌。

e. 这里有一个容易忽略点，就是后视镜盲区！

后视镜盲区的处理方法：

有的司机建议扭头看盲区，但对于新手来说，扭头看盲区很容易让车辆跑偏，顾后不顾前，这样更容易发生危险。

还有另外一个方法，就是让车辆的速度发生变化，稍加速或者减速，这样原本在后视镜盲区里的车辆就会离开盲区，这种靠速度差改变车辆位置从而避免盲区剐蹭的做法，相对安全。

这两种方法，大家可以结合自己的实际情况运用。

f. 稍加停顿，因为在看到你打灯，后方的车辆是会有所反馈的。如果有车辆迅速插上，觉得你不合适变道，他就会给予鸣笛、晃灯的回应。这时你应该放弃变道，强行变道会导致事故！

g. 谨慎观察一旦决定了要变道，这时候就应该轻打方向加油门变道，犹犹豫豫是变道的忌讳。

记住，在决定变道的过程中多观察，一旦决定了变道，就一定是个加速的过程而不是减速！

变道看似复杂，其实整个过程也就是几秒钟的事。遵章守法、勤加练习，一定可以精确无误地变道。

3. 拐弯的原则

左拐或者是右拐弯是最容易出事的一个点。为什么呢？

很多司机在拐弯的时候根本就不观察后视镜或是留意路况，

一切都是随心所欲，加上很多非机动车根本就不管你机动车是否要拐弯，照样高速插上，事故就这样发生了。

我就在拐弯的时候碰到过几次险情，你明明已经打灯，并且缓慢地打方向拐弯了，还是有不要命的摩托车高速狂冲掠过你的车头。

拐弯有一个铁原则，就是要慢！因为拐弯让直行，如果你在拐弯的时候出现任何问题，无论是刮蹭了直行车辆，还是非机动车，都是你的全责！

拐弯有哪些步骤呢？

a. 降速。拐弯前一定要降速，看清楚，是拐弯前！不是到了弯道才减速，高速过弯很容易侧翻。在繁华的市内侧翻，这问题就大了。

b. 打灯。灯光和喇叭是汽车最好的语言。打灯是对自己和他人的最好保护！

c. 如果你是右拐弯，观察右后视镜并且缓慢地打方向。记住一定是缓慢的！缓慢是为了防止非机动车快速插上。这种险情在中国太普遍了，一定要慢。

d. 如果你是左拐，要注意直行车辆。缓慢地试探性过弯，让直行车辆注意到你。此时，也应该注意随时会窜出的非机动车辆。

总之，拐弯的不二法则就是慢。你只要慢，无论发生什么都能给自己一个足够的处置时间。

4. 超车与会车

在行车过程中，有两个很经典的盲区。

超车时被超车辆的车头，会车时相会车辆的车尾！在路况复杂的市内，这两个位置的事故率很高，但又往往得不到大家的重视。

一定要重视这两个地方，因为经常会有行人和非机动车辆窜出！

那么，当遇到上述情况，我们如何避免事故呢？

a. 你要养成行车总则里的那个好习惯，只要不踩油门，脚一定在刹车上；

b. 当你碰到这两种情况的时候，提醒自己是危险状况要警觉起来，一定要提前稍减速，并且时刻关注这两个位置的动向，一旦发生险情，就立刻采取制动措施。

c. 开车的时候，眼光应该放长远。比如，你在超过一辆车，或者和一辆车相会的时候，就应该提前注意，车前车后是否有岔道口？如果有岔道口就应该格外小心，因为随时有情况发生。

总之，眼光放长远，提前稍制动是预防会车和超车有行人和非机动窜出的最好方法。

5. 从岔路进入主路

我家附近有一个繁华的十字路口，每次我从那里经过时，从岔道口进入主路的车辆都会给我带来困扰。事实上，很多人对从岔道口或者辅路进入主路的技巧一直掌握得不太好。

大家犯的最大的错误就是，进入得太突然、速度太快，或者是一头扎进主路，让主路上的车辆措手不及而且无奈，有的司机甚至直接横向杀进快车道!

切记，从岔道口进入主路的正确步骤：

a. 到了岔道和主路的汇接口减速。如果主路车辆繁忙，稍作等待。如果不繁忙，则着手进入。

b. 进入的时候，应该贴着最靠近你的那条车道进入。最常见的错误是横向扎进主路，一口气冲向超车道。这样最容易给主路上的车辆造成困扰，发生刮蹭。

c. 缓慢进入，给主路车辆一个反应的时间。最常见的错误是快速插入主路。让主路的车辆措手不及，这时候如果发生刮蹭，你是全责。

总之，从岔道进入主路，一是要慢，二是要贴着最靠近你的那条道进入。记住一点，当你给别人带来困扰和麻烦的时候，你自己也面临着剐蹭的危险!

6. 轻松过弯道

过弯道在市内也是一件非常平常的事情。

在面对弯道这种路况时，很多司机也是陋习重重。

a. 过弯不减速。

b. 过弯超车。

c. 过弯压实线。

为什么过弯是难点？

a. 过弯盲区特别多，比如说南昌环青山湖的湖滨路，弯道多、道路窄、而且经常从岔路口会窜出车辆或者非机动车，有的车辆又不按照规矩行车，所以路况格外复杂。

b. 汽车的不断转向削弱了车轮的摩擦力，很容易导致轮胎打滑，如果不减速过弯的话，一旦打滑会导致失控！南昌发生过好多起湖边快速过弯车辆失控冲进湖里的恶性事件。

c. 变化会导致不稳定。过弯时一旦碰到紧急情况，会使得司机惊慌失措，乱打方向，导致事故的发生。

过弯有两个大的原则：

a. 慢进快出。

b. 方向盘尽量少打，圆滑过弯。以后当你想判断自己这个弯过得好不好的时候，很简单，就看你的方向盘转动情况，转动得多且幅度大，说明弯道技术尚未掌握；如果方向盘摆动得少，说明选择了比较合适的路线。

具体如何操作呢?

a. 在进弯道的时候一定是要减速的，这就是所谓的‘慢进’，一般市内很少有很大弧度的弯道的，都是小弯。弯急又速度快很容易失控。所以减速是为了可以缓打方向，增加轮胎和地面的摩擦力，从而保障安全。

b. 弯道如何选择路线呢?

如果你是右拐，进弯的时候应该尽量靠左边，近中线，弯中的时候靠最右、快出弯的时候又尽量靠中线。当然是在保证中线是安全的情况下。这样过弯方向盘是最少摆动的，而且是最圆滑的。

你可以和这样右拐做比较，进弯的时候靠右、弯中靠中线、出弯的时候靠右。这是最不科学的过弯方式。方向盘摆动最大，最容易导致事故的发生。

如果你是左弯，顺序应该是，进弯尽量靠右，弯中靠中线、出弯靠右。

c. 最后，你在出弯的时候，车头已经对准出路，并且方向已经回正，这时候就可以加速出弯了。这就是所谓的‘快出’。

d. 过弯的时候严禁用力踩制动，很容易导致侧翻!

7. 不跟出租车

市内行车出租车最平常了。别的城市我不大了解，南昌的出租车行车非常彪悍。夹塞、乱变道，乱抢道，占道超车、直行占右拐弯车道……最恶劣的是突然停车。

南昌的大部分出租车停车接客的时候，不会去管后面是否有车、后车是否能刹住的。很多的士司机在哪里看到客人，就在哪里停车，经常是不靠边并且横着路中间；而且往往都是急刹车，让人措手不及。

所以一定少跟出租车，一般的出租车是不会靠边打灯停车的，而且擅长急刹！跟出租车太近，追尾风险大大增加！

我们能理解车轮上的经济，也知道出租车行业的辛苦，但这不是出租车可以肆无忌惮的借口。严重扰乱行车秩序的最终结果是两败俱伤，如果人人都遵守交通秩序，不夹塞，不乱来，行驶的速度绝对比现在要快很多！

8. 不跟公交车

公交车也存在它的特殊性，它需要不停地进站出站。公交车会给附近的小车司机带来如下困扰：

a. 公交车的车前，停车的时候会有行人从车前过马路，让后面的小车司机措手不及。

b. 跟着公交车过红绿灯，非常容易闯红灯，所以公交车最好少跟。

c. 公交车较大，公交司机的本身盲区也非常多，随便摆动一下方向盘就会给附近的小车司机带来很强的压迫感。有的新手司机，一下就会慌神，导致刮蹭。

d. 在路过公交站台的时候，尽量不要挑最靠近公交车站的那条车道，公交车进出站，特别是出站并道会给私家车辆带来困扰，这也是非常容易刮蹭的点。

e. 有的城市会设置专门的公交车道，一般是早上 7 点到晚上 8 点结束，在这个时段里，是不允许其它车辆行驶的，一旦被摄像头拍到会罚款。所以，一定要注意。

9. 大货车的可怕之处

在之后的高速版块中，我们会强调，在高速上最恐怖的是前后左右有大车的情况，开车一定要离大车越远越好！即便是短暂的相逢，也要马上找机会远离。

那么在市内，我们可不可以靠近大车呢？

一样不可以！

你们一定听说过，在市内，大车拐弯侧翻，压扁小车的案例吧？无论在哪里都要远离大车。在市内，最不能的是和大车并排拐弯！原因也很简单。

a. 由于内轮差的存在，最容易让小车司机产生误判，从而造成不良后果。

内轮差，这个概念，不知道大家是否陌生。其实，一辆大车在拐弯的时候，它的前后轮走过的弧度半径不是一样的。前后轮弧度半径的差值就是内轮差。越大的车辆，它的内轮差就越大，越容易给别人带来危险。

b. 大车在拐弯的时候容易侧翻，很多大车司机对自己的车没有充分的认知，拐弯过急，一旦没有控制好车辆造成侧翻必定会殃及周边的小车。

所以，无论何时，请珍惜生命，远离大车！

10. 十字路口的准备

十字路口，是市内碰到最多的路况，也是事故多发的路况。

为什么呢？

因为十字路口变化最多。

我们经常说，开车的时候变化多的地方就危险多。

很多司机在过十字路口的时候，存在如下坏习惯：

a. 高速驶过。

在中国，目前还没发现哪个城市没有闯红灯的现象。当你 60km/h 撞上行人的时候，生还率不到 40%；而 40km/h 撞上行人的时候，生还率 80%！

所以，过路口一定要慢，不要超过 40km/h。

b. 抢黄灯，闯红灯。

一般司机是不会闯红灯的，但是有时候没有把握好抢黄灯的时机，也是会导致闯红灯现象的。现在的新交规规定，闯红灯后果非常严重。

一般来说，抢黄灯的居多。司机发现即将变灯，一脚油门抢速通过。

这时候有什么问题呢？

抢，就容易超速。碰到闯红灯的非机动车和行人时，后果就会非常严重。

还有一个很严重的情况是，黄灯快结束的时候，正是横向车道绿灯快开始的时候，很多司机一看到绿灯亮了，会一脚油门窜出路口。

一旦和它在十字路口中间相遇，后果就非常严重！

所以，黄灯闪烁，不要去抢，能过则过，不能过则等下一个灯。

宁等一分，不抢三秒！

c. 最后，到了十字路口，无论什么路况，都应该提前减速，并且把脚放到刹车上，以防止撞上不知道从哪里窜出来的非机动车辆和行人。

总之，过十字路口的原则就是，慢速、平稳通过。

11. 当你是头车时

在十字路口有时候你会碰到这样的情况。

你是等红灯的第一辆车，这也叫等红灯头车。

头车情况比较复杂，可以分作两种：

a. 旁边的车辆是和你差不多的车。这样你左右的视野遮挡不会太严重。

这时候只要掌握一个原则就行了，就是缓慢起步。

为何要如此呢？

为了防止横向车辆闯黄灯！也为了防止非机动车和行人闯红灯！

头车，快速起步是忌讳！

b. 还有一种情况稍微复杂一点。就是你的左边或者右边并排着一辆大车。这时候大车的另一侧有什么情况，你是基本看不见的！是很严重的盲区！

这时候一定要小心。

正确的起步应该是，不但要慢速通过，而且在整个路口，你都不能去超越旁边的大车（超车防车头）。因为如果有闯红灯的非机动车，正好越过右边的大车横越十字路口，而你这时候又在超大车的话，情况就非常危险了！

所以最稳妥的做法是：不超过旁边的大车，而是跟着它缓缓驶过路口。过了十字路口确认安全后，再超车。

12. 戒掉抢黄灯

对于十字路口来说，有一种情况要特别拿出来提醒，因为很多人会犯这样的错误——就是抢黄灯！

人一旦带了情绪，就容易冲动，冲动就容易判断失误。

所以很多情况下，梦飞都提醒车友会里的司机，当你感觉到不耐烦和急躁的时候，要么赶紧调整好自己的情绪，要么不要开车。

当人情绪起伏很大的时候，会判断失误，很多小事情都会演变得非常严重。

抢黄灯行为的严重性在于你着急了。作为司机，一旦着急，他的眼里就只有一个目标，冲过去！因此有可能忽略是否有人，是否有非机动车这样决定性的细节。

抢黄灯一旦造成事故，将会是非常严重的！因为你一旦着急，就必定会加速，速度快起来，处理紧急状况的时间就会短。很多时候往往是没有任何反应时间，所以一旦出事就是严重事故。

当你的车道是黄灯的时候，横向车道是绿灯，有的司机又有快速起步的习惯，他快你也快，这时候很容易在十字路口的路中央相遇。

抢黄灯还有一个弊端，就是容易被后车追尾。为什么呢？因为不是每次抢黄灯都能顺利通过，有时候当你前轮刚过线的时候红灯亮起，你突然急刹，后车始料不及就会造成追尾。到了十字路口一定要放慢心态，逐渐降速通过，绝不起抢灯之念，这时候后车看到你没有抢过的意思，也会减速缓行，这样就能很好地化解追尾险情。

所以，面对黄灯，要有随遇而安的心态，不应该抢黄灯。应该停车等下一个绿灯通过。

宁等一分！不抢三秒！！

13. 前面有大车遮挡

你一定遇到过这种情况——跟着一辆大车过十字路口时，由于大车的遮挡，无法看清楚前方红绿灯的状况。

很多司机就是在这种遮挡的状况下，盲目跟车过路口闯了红灯！虽然这种情况可以申请复议，但这非常麻烦，而且也不一定能成功。

当你跟着大车的时候，如何去判断灯的状况呢？

a. 根据隔壁车道车辆的状况判断。

如果前行或者拐弯不只一条车道，在你视线遮挡无法判断的时候，就看隔壁和你一样走向的车辆的动向，如果他可以过，说明你也可以过。

b. 如果只有你一条道，你一定不能盲目通过。要等大车离开你的盲区，重新看到灯的时候再通过。

或者是，后面的喇叭响成一片（后面的司机视线没有遮挡可以看到灯的情况），说明这时候灯还是绿灯，你也可以放心通过。

14. 没有红绿灯的路口

在南昌有些十字路口是没有红绿灯的。

在有红绿灯控制的时候，交通尚且乱作一团，何况是没有红绿灯的约束。

这样的路口往往是偏僻一点的路口，给司机造成的错觉是，我可以快。

很多司机不会太关注横向车道的动向，一脚油门快速通过，有时候冲到了路中间，才发现另一辆车也正高速冲过路口。非常危险！

这种路口，行人和非机动车也很随意，由于没有控制速度的概念，一旦发生事故就非常严重。

到了没有红绿灯的十字路口，在快进入的时候要减速，慢速探头，然后观察两边的情况，鸣笛，让其他车辆注意到你，确认安全后再通过。

15. 公交车的左侧危险

大车让人头痛的地方是，它很容易给你造成盲区。如果对于盲区处理不当，很容易出现恶性事件。

公交车是市内最常见的大车。南昌的公交车比较随意，夹塞、恶意打方向逼小车等现象很普遍。

所以，对待公交车的对策很简单，就是离它远点，尽量不要太靠近。

特别是有一种情况你一定要提高警惕：当公交车停在站台下客，你正要从左边超越它，这时候非常危险！因为有的乘客会从公交车的车头窜出过马路！

特别令人匪夷所思的是，有的人在不看来车的情况下，喜欢跑步前进。所以一定要做到以下注意事项。

a. 你要尽量保持足够远的横向距离。一旦有行人从车头窜出，可以有所准备。

b. 如果无法保持足够远的横向距离，经过车头的时候一定是慢行！脚在刹车上，随时准备刹车。

c. 经过公交车头，无论会不会有情况发生，一定稍加减速，把脚放到刹车上！

16. 小区的进出

小区门口也是一个很经典的盲区。

有的小区出入口特别窄，左右视线遮挡非常严重。很多司机在进出小区口转弯的时候不大注意减速，因此小区门口的刮蹭也时有发生。

从你拐弯将要进入小区的那一刻起，就要慢行，注意是否有其它车辆进出。

进了小区，更是要慢速，要想着自己家的老人和孩子还在小区里面散步玩耍。

小区的岔道特别多，而且老人、孩子、动物也特别多，说不定就从哪个岔道口冲出孩子或者动物，所以唯有慢行才能做到万无一失。

下小区的地下停车场，首先要开灯，因为明暗对比强烈，眼睛会产生几秒的瞬盲，而这时如果又有车辆正好从停车场出来，就很容易发生剐蹭。

很多小区的地下停车场下坡很陡，记住提前降速，靠点刹控制好车速，如果是手自一体的车辆可以拨到手动挡，利用发动机制动，配合脚刹一起制动。

小区行车，慢字当头！

17. 经过学校时

老吾老以及人之老，幼吾幼以及人之幼。司机一定要善待老人和孩子。

每个司机都能心存善念的话，咱们自己家的老人和孩子出去也就有了保障。

所以，经过学校这样的特殊场所时，更需要小心谨慎，慢速通过。

中国安全意识教育特别差，在父母的错误示范下，孩子不觉得闯红灯是多么错误的事情。

无论是大学、中学、还是小学，因为人口密度大的原因，高峰期的时候简直就是乱作一团。而且行人基本都无良好的交通意识，闯红灯、乱窜马路的现象特别严重！

所以，司机到了学校门口，一定要慢行，谨慎驾驶。特别是靠近中小学区域，孩子都喜欢跑来跑去，一定要留意突然窜出来的儿童！

18. 停满车的道路危机四伏

市内开车，你一定遇到过这样的情况，路的两边都停满了车辆。

遇到这种情况，很多司机都是无所顾忌，不但贴着旁边停靠的车辆，而且还快速行驶。

两边停了车的道路，其实危机四伏！原因有以下几个方面：

a. 在车辆的缝隙里会窜出行人或者非机动车。

b. 停着的车会突然开门。

c. 停着的车会突然打盘子起步或者左拐掉头。

所以，当你路过路边停靠了很多车的路段，一定要小心驾驶，记住几个对策：

a. 不要靠近路边停靠的车辆，尽量远离，这样的话，一旦发生紧急事件，你就有足够的反应时间。

b. 时刻留意车缝隙中的动向，防止行人和非机动车窜出。

c. 把脚放在刹车上备刹车，谨慎慢行

19. 拥挤繁忙时的距离

在坡路上堵车特别要注意的是，你需要和前车保持安全距离。

有两类车辆特别要留意，加大跟车距离：

a. 手动挡的车辆。

b. 贴了新手驾驶标识的车辆。

绝对不能因为赶时间，而紧贴以上的前车，因为在手忙脚乱的情况下，他们有可能会溜车。

一旦溜车导致你撞上了，如果没有行车记录仪，事情就很难说清楚了。

你自己在坡路的时候，也要注意，要拉上手刹，这样可以有效地防止溜车！

20. 停车排队的要点

你排队等灯，或者堵车的时候应该注意什么？

a. 应该和前车保持距离，不能紧跟前车，紧跟前车一是怕追尾不好控制，二是在很大程度上束缚了自己，应该和前车保持一个可以打盘出去的距离，以看到前车保险杠下沿为宜。

b. 排队的时候，最讨厌的就是别的车夹塞，那么如何防止别的车偷懒夹塞呢？

就是把车稍靠可能遭遇加塞那侧停靠，如果你停得很靠里，要夹塞的人就喜欢挑这样的下手，因为成功率会很高。如果你停车的时候有意识地靠外侧一点，就能有效防止别人夹塞。

21. 高温行车

夏季行车，需要注意的地方很多。

其中，自燃是夏季行车最需要防范的危险点，以下几种情况可能会引起自燃。

a. 电路问题。

b. 轮胎问题。

c. 车内放置了易燃物品。

（一）电路问题

a. 我从未对自己的车辆进行过任何改装，电器基本上都是外挂的，不去加装、改装电路，就是怕改装不当，带来不必要的麻烦，所以大家对原车最好也不要做太大的改动，很多改装车辆的地方改装的时候不说，但是发生了问题，他们是不会负责任的。

b. 要经常保养检查车辆，看看是否有线路老化的问题，高温下，线路老化，也很容易引起车辆的自燃。

（二）轮胎问题

夏季，车体最脆弱的其实是轮胎。

很多大货车的自燃，都是从轮胎开始的。

夏季高速表面温度极高，最近江浙高速表面的温度就接近70度，在高速行驶的过程中，轮胎和地面快速摩擦，温度会迅速升高，很容易引起爆胎或者自燃等恶性后果。所以一定要注意几点：

a. 夏季行车切勿超速，超载。

b. 行车2小时，应该休息一会儿，主要是给轮胎降温，但切忌马上用冷水浇胎，这样会大大缩短轮胎的寿命，也可能会引起爆胎！

c. 在出发前要全面仔细检查轮胎，存在鼓包、撕裂等有隐患的轮胎切忌上路。

d. 保持胎压正常。不能让胎压低于正常值，胎压过低增加了轮胎与地面的接触面积，在行驶过程中摩擦发热会导致轮胎内部气压迅速升高，而且过低的胎压也会磨损胎肩，那是车胎比较脆弱的部位，容易爆胎！

（三）易燃物品

车内请避免放置如下物品：

打火机、香水、电池、碳酸饮料，因为可能受热膨胀引起爆炸。

22. 雨天的车况

雨季行车，是司机应该掌握的最基本技能之一。

那么，雨天行车究竟有哪些特点？或者说为什么雨天比较容易发生剐蹭？其实道理很简单。

a. 路面湿滑、使得汽车的制动距离拉长，司机在没有充分的准备下，很容易出现追尾。

b. 雨水落在前后玻璃、后视镜上，遮挡视线严重。

c. 雨水的声音夹杂着各种其它的嘈杂声音，严重影响司机的判断。

d. 雨季大家都着急赶路，而摩托车及行人不规范的冒险行为也很容易引发交通事故。

碰到雨天，我们应该注意什么？

下雨也是分阶段的，我们先看看每个阶段什么地方最危险。

a. 雨刚开始下的时候是最滑的时候，雨水和路面上的积土、油污、轮胎橡胶末混合在一起，形成一种类似于润滑剂的混合物，使路面非常滑，轮胎与路面的附着力此时减至最小，最容易发生侧滑。

b. 雨下到中间的时候，雨水附着到玻璃上，这时候视线遮挡问题尤为严重。

挡风玻璃上虽装有雨刷，但由于雨水使光线透过率减小，因而可视距离大大缩短，能见度大大降低。

在雨夜中行车，没有刮净的雨滴会在灯光下产生各种反射光，使前方视线模糊。因此，雨夜行车非常危险！

所以，我们才要牢记这些雨天的行车守则：

a. 降低车速行驶，和前面的车保持安全距离，切勿紧急制动，要点刹，不要长刹，长刹容易侧滑。

b. 雨天行人和摩托车凶猛，时刻小心“熊出没”。雨中的行人都焦急，因此乱穿马路、低头猛跑的情况经常发生。

雨天，骑摩托车和自行车的人，穿着雨衣，视线和听力都容易被雨遮挡，非常危险。这时，开车人除了慢还是得慢，时刻警惕突然窜出的行人和摩托！

c. 处理后视镜雨水遮挡小窍门：涂抹洗涤剂、加装防雨挡或者改装加热功能的后视镜

d. 雨天行车必须打开近光灯。这样在茫茫大雨中你的目标会更加明显，如果是大雨雾的天气，在打开大灯的同时还要加开雾灯，但切忌开远光灯。

e. 切勿盲目并线、拐弯、掉头，这是雨天剐蹭最常见诱因。要放缓速度，仔细观察，必要的时候要开窗看过后再做动作。

f. 再次提醒，雨天行车危险！雨夜行车需谨慎！

23. 雨天的涉水

雨水下得差不多的时候，涉水问题成为首要问题，那么，如何安全通过积水区域？

a. 一般来说，保险杠的高度是车辆涉水深度的极限了。水深

快接近保险杠的时候，最好不要盲目涉水。

b. 如遇到积水路段，切不可盲目涉水前行。要仔细观察，有浪花和漩涡的地方很可能有较大的石块和其他障碍物，而水面较平静的地方一般积水较深。水面开阔且有较均匀的碎浪花处，一般水较浅，是驾车通过的较理想处。

另外，还要仔细观察正在涉水的前方车辆，如果水深已超过前车车轮高度一半，或水深已淹没前车排气口，就最好不要再冒险涉水行车了，否则有发动机被水淹的危险。

c. 在通过积水路面的过程中，要降低车速，手动档车型应尽量使用低档，稳住油门，平稳通过；自动档车型也应尽量挂入低速档或雪地模式，增大车辆扭矩同时防止轮胎打滑。

d. 鼓刹的车辆，涉水深度高于轮毂时，轮毂内进水，制动效果会变差，离开积水路段后，轻踩几次刹车，使制动鼓和制动片摩擦发热，蒸发水分，恢复制动效果。

e. 涉水熄火，切勿重新启动，发动机进水损害一般保险不予理赔。正确做法是，离开车辆，松开手刹，将车辆推行到不积水的路段。万一无能为力，就等待拖车救援。

f. 大雨不要盲目进入不确定区域，如桥下、隧道等。无法继续行车导致停车时，应将车放在高处，以防被淹。车内应该配备可以砸窗逃生的物品，比如安全锤，而且一定要放在方便拿到的地方，比如副驾驶座的抽屉内。

g. 梅雨季节，车辆放置于小区地下车库时，存在风险。

24. 雪天的行车

一定要记住以下这些冰雪天气的行车守则：

a. 冰雪覆盖路面时，你很难判断路面的宽度，因此要沿着前车行驶的车辙缓慢行驶。

b. 也要减速均匀行驶，避免车的剧烈运动和变化，并保持安全距离。警惕相向行驶的车辆侧滑到你所属车道，要保持一个安全的错开行车的距离。

c. 紧急制动加大侧滑的可能，所以改用发动机制动减速行驶。注意：驱动轮上任何一点的突然变化都可能引起侧滑！

d. 强烈建议加装防滑链，以增加与地面的摩擦力。

e. 各种动作，如变道，转弯等，动作都应该轻缓。起步时候少加油，缓缓抬起离合器踏板，使车慢慢驱动；加速的时候，禁止猛踩加速踏板，应该缓慢加速，防止空转。

f. 转向时，应少打盘并慢回，在不影响其它车辆的前提下，尽量把半径弧度增大。

g. 河面虽然结冰，但是也要慎重通过，年年掉入冰河的车辆也不少！

h. 积雪厚度超过车轴高度的时候不要通过！以防陷车！

i. 在下雪天，尽量不要走山路、坡路等危险路段，以防止暗冰出没。

25. 雾霾天气的应对

你对自己爱车的基本功能熟悉吗?

注意过有一个叫做“内循环”的按键吗?知道这个按钮的作用吗?

所谓内循环，就是不让外部空气进入车内，仅仅车内的空气自己循环。这个功能多用在夏季，开空调的时候，可以省油。

当你没有开启内循环的时候，车子默认是外循环，车内的空气就会和外部的空气流通。

那么，何时开启内循环呢?

a. 夏季开空调的时候。因为是车内的空气自个儿循环，所以比较省油。

b. 外面空气不好的时候。比如外面是雾霾天，或者跟着大车、尾气特别重的时候。

c. 空调效果不是太好，忽冷忽热的时候。开启内循环可以减轻压力。

内循环注意要点:

a. 新车最好少开内循环，因为内饰味道比较重，而且里面的有害物质比较多。开启外循环可以防止内饰污染。

b. 内循环不能使用时间太长，长时间使用内循环，车内的氧气含量会减少，司机容易困乏。所以，应该隔段时间使用外循环，或者窗户开点小缝透气。

c. 相对封闭的环境里，不要怠速开空调。怠速会让油燃烧不充分，会产生大量的一氧化碳，无论你开启内循环还是外循环，都会慢慢渗透到车内，造成中毒。所以在车库这样的地方，不要长时间怠速开空调。

26. 夜间的行车

夜晚的城市，道路可谓是危机四伏！

南昌城区的路灯状况不佳，即使在北京路这种主干道上，盲区都非常多。

北京路道路非常宽，本来应该给司机一种安全的感觉。但由于灯光昏暗，视野很窄，反倒埋下了很多隐患。

大家肯定有过这样的感觉，在晚上，车子开过去了，才发现旁边原来站了个人！很可怕！行人不会保护自己，喜欢在夜晚自由穿梭，就如同披上了一件隐形的外衣。

这时候，对付夜晚不确定因素的不二法则就是要集中精力，而且要慢！

到了一些岔路口，或者是行人过马路的斑马线，远近光灯可以快速切换一下，这样既能提醒行人注意，又可以在远近光灯交替下及时发现行人和非机动车。

在经过一些视野的盲区，或者十字路口的时候一定要慢，一定不能抢黄灯，抢灯太容易出事了！

之前在总则里我们提到过，逢自身变化和道路变化一定要慢，在晚上，这条尤其要遵守。

变道或者是拐弯时，要反复观察几次，而且当你觉得没有把握的时候，一定要慢慢地试探性地打盘拐弯，因为很多非机动车速度很快而且没有车灯，不反复观察后视镜，根本无法看到！

夜间行车还有一个口诀，叫做“走灰不走白，见黑停下来”，什么意思呢？

正常的柏油路，在灯光的照射下是灰色的；如果路面有积水，就会显现出白色；坑之类的危险地方是黑色，夜间行车记住这个口诀，可以避免很多麻烦。

27. 夜间的警惕性

夜晚是滋生罪恶的温床。因此夜间行车，特别是女性，一定要有安全意识。

请一定要记住以下这几点。

a. 停车要有技巧，应该把车尽量停在有灯光或者人多一点的地方，不要停在角落。这样做，一是为了防盗，二是上车的时候更加安全；

b. 上车前，要环顾一下四周，看看是否有人跟踪尾随；

c. 现在大部分家用车都有这样的功能，开锁的时候只开司机这边的一扇门。这个功能非常实用。市内夜晚抢劫单身女性，很多情况就是当你开门的时候，歹徒乘机拉开副驾驶的门把你劫持。

开锁只开一扇门，就不会让不法分子得逞。进到车内后，第一件事，一定是锁车，然后才是系上安全带。

这个功能对于大部分车来说是标配，如果没有的话，去 4S 店升级一下行车电脑就可以了。

d. 在行至偏僻路段，如果有人追尾，不要轻易下车查看，要快速离开，只能认倒霉。因为这种情况在很多时候是抢劫者的一种手段。故意追尾，导致你着急下车查看车况，一下出来几个人把你制服，把你洗劫一空，甚至出现更可怕的后果！

28. 夜间行车的近光灯

灯光和喇叭是车子最好的两种语言。白天，喇叭使用量多一点；夜晚，灯光是车与车之间最有效的交流方式。但是，很多司机根本不知道如何使用灯光。

我在夜晚看到过司机不开灯行驶的，这样非常危险！没有灯光的照射，行人和非机动车对你来说可以说是隐形的，而你对于别人来说也是隐形的！

因此，在视线变暗的时候就应该开启灯光。

那应该开哪种灯光呢？

在市内严禁开启远光灯，灯光的正确使用，不但是为了他人也是为了自己着想。远光灯会造成前方司机内后视镜炫目，影响前方司机的判断；同时，也会使会车车辆司机闪盲，这对你来说也是一种潜在威胁。

大家在开车的时候应该接受过对面直射过来远光灯的洗礼吧？基本上前方茫茫一片，根本看不清任何东西！你想想如果你开启了远光灯，对面司机被你照射得什么也看不清，胡乱打方向，有没有可能发生剐蹭？

所以在市内不使用远光灯，是对自己负责任！

郊区，没有路灯，视野、能见度非常差的时候需要开启远光灯，但也不是一灯到底，而是非常有技巧和层次的。

远光灯有利于及早发现远处的行人和摩托车，但是你可以经常性的远近光切换，这样反而更利于全面掌握路面的情况。

有两种情况一定要自觉及时地切换近光，一是和对面车辆会车的时候；二是靠近前车的时候。这时候切换成近光灯，在有利于他人驾驶的同时也很好地保护了自己。

在很多情况下，不是每个人都会很自觉地切换近光。当你发现会车车辆没有切换的时候，你可以反复切换几次远近光灯进行提醒，一般大部分车辆能会意并且予以回应。

如果在反复提醒后还无果的话，就请放慢车速，或者干脆停下来，等待它经过。这时候千万不要盲目前行，因为你根本无法判断路况，非常危险！

29. 等红灯的时候

N 档，即空档，当车辆挂上 N 档的时候，动力不输出给驱动轮，车子不会行驶。

那么 N 档的作用是什么呢?

a. 因为它不输出动力，所以可以用作短暂的临时停车，比如等红灯。

在等红灯时，如果只有几秒的时间，可以用脚刹控制随时起步;

如果超过 5 秒的时间，长时间用脚刹就非常不科学——车要往前，而刹车强制不往前，在相互长时间的博弈过程中，刹车片和变速箱会升温、过热，这样对他们都有损害，所以应该用 N 档来代替脚刹。

不过 N 档不能在大坡上使用，只能在较为平坦的地面上使用，挂上 N 档一定要防止溜车。如果是小坡，可以和手刹一起配合使用。

当等待较长的时候，则应该挂 P 档。

b. N 档另一个很有用的时候，是当你车辆损坏无法前行需要别的车牵引的时候。

当车辆受损需要牵引，请把你的车辆挂上 N 档、并且让你的驱动轮抬离地面，这是为了防止对变速箱的损害。比如前驱车，就应该让两个前轮离地，在挂 N 档的情况下，后轮可以着地。

最保险的方式，当然是四个轮子同时抬离地面。

30. 非字形车位停车要点

现在城市里大部分地方都是非字形停车位，比如小区地下车库，或者很多商场的地下车库。

对于非字形的停车位来说，司机应该养成车头冲外的好习惯。

这样有几个好处。

a. 车头冲外，利于防盗。

b. 车头冲外，离开的时候既方便又安全。

当你倒车入位车头冲外，出去的时候就非常方便。直接打盘子即可，无需倒车出位。

倒车出位其实比倒车入位难度要高很多，很容易发生刮蹭。因为一般非字形停车位的过道都不会很宽敞，一旦你的两边停满车辆，有时候过道也会停车，这时候倒车出位就是一件非常困难的事儿，加之停车场人流多，干扰多，给你的横向和纵向距离都很有限，所以很容易发生剐蹭！

非字型停车，头扎入库会给自己带来隐患，因此，要养成倒车入库的好习惯。

31. 倒车雷达不可全信

倒车是大家最头痛的一个章节，梦飞在下一部作品《新手三部曲》里，会完整地教大家如何倒车。市内版块里，就是告诉大家倒车的盲区和容易发生刮蹭的点在哪里。

倒车最忌讳的是什么？一是快！二是盲目！

我在新手的时候，犯过一个错误，倒车太快，一屁股给倒在了篮球架的底座上了！由于篮球架的底座很低，不在倒车雷达的工作范围，所以倒车雷达根本没响！

我一直没去修，就是为了留着提醒自己，倒车要慢，关键是要提前查看好周边的地形，如果有倒车雷达探测不到的物体，一定要格外小心。

32. 倒车容易刮蹭哪边

在车辆拥挤的地方，比如小区里或者一些小巷子，倒车是一件很伤脑筋的事情。

倒车，其实最容易刮蹭的是车子的右边，因为这时候，你的精力往往都会集中在车子的左边。

倒车之前，首先应该观察好前后左右的路况，倒车时应该缓慢打盘，并且要不停地左右相顾，不能把精力只集中在一边。

“慢”是为了让自己有反应的时间，就算刚刚蹭到，也能及时调整；兼顾左右是为了避免忽视任何一边的障碍物。同时做到这两点，一般来说倒车就没有太大问题了。

很多司机开车的时候喜欢把音响调到很大，这是一个非常不好的习惯。因为司机主要就是靠两类信号来判断路况和自己的驾驶状况，一是灯光，二是喇叭交流。

喇叭是一个很重要的信号。如果音响声音太大，会掩盖掉关键的声音信号，从而判断失误，所以音乐的大小要适度。

倒车的盲区本来就很多，如果倒车雷达的声音再被掩盖，基本就属于盲倒了。

我身边有个朋友就得到了深刻的教训，倒车的时候不注意调低音响，一屁股倒在在别的车辆上。如果由于这样的失误，撞到了人，那就真是追悔莫及了。

33. 如何安全靠边停车

在市内，当你到达目的地，一定要做的动作就是靠右方停车。

很多司机靠边停车有如下陋习：

a. 突然急刹减速，导致后方车辆避让不及追尾。

b. 不提前靠右，等到了位置，才在最左边的车道，一路直插靠右，导致后方车辆拥堵。

c. 不打转向灯，不观察右后视镜。很多靠边停车的司机容易和非机动车刮蹭的原因，就是因为没有养成逢自身变化就多观察的好习惯。

d. 速度过快。在市内速度快也是忌讳。市内路况千变万化，给司机的反应时间本来就少，如果速度再快一点，那一旦出现情况基本就无力回天了。

那么，应该如何正确地靠边呢？

a. 当快到达目的地的时候，提前靠右车道行驶。

b. 降低车速，打右转向灯。

c. 观察后视镜，缓慢靠右，驻车。

34. 停车开门的手续

有很多这样的案例，在车辆路边停靠后，开门不当引起了事故。要么是开门时和后方车辆刮蹭，要么是和非机动车或者行人刮蹭。

在路边停车，开车门前一定要养成以下良好的习惯：

a. 提醒乘客尽量开右边的车门下车。

b. 无论司机还是乘客，如果需要开左边的车门，应该反复观察左方后视镜后，缓慢地打开车门。

c. 车门也不应该全开，以能下人的宽度为宜。

d. 同样的，在你行驶的时候，不要太靠近停着的车，以防止司机没有经验直接开门，发生剐蹭

35. 如果你是女性司机

女性司机是一个特殊群体，你仔细观察就不难发现，女性司机有两个极端，要么谨小慎微，要么疯狂无度。

前者是因为害怕，后者是因为无知无畏，大部分女性司机还是属于前者的范围。

其实女性司机最应该克服的应该是恐惧心理。梦飞车友会里很多女性车友都跟我讲，怕开车，一上路就无比紧张，被剐蹭了几次以后，更是手足无措。

女性司机最常犯的错误有哪些呢?

a. 穿高跟鞋或者拖鞋开车。

穿高跟鞋驾驶危害很多，首先，高跟鞋会在你需要紧急刹车的时候，在踏板上打滑；其次，你对踏板的敏感度变差，容易踩深或者踩浅踏板。

女性在反应速度上本来就弱于男性，如果脚步动作再不给力，很容易造成事故！

所以在车上一定要备好一双平底鞋，这才是良策。

b. 车里弄得花里胡哨。

女性喜欢把车内整成童话世界，娃娃特别多不说，还有什么方向盘套，换档套，香水……花样繁多。

事实上，车内越精简越好。

首先，驾驶台上不要放东西，因为一旦发生撞击或者安全气囊爆开，所有可移动的东西，比如车载香水，都会变成可怕的凶器，会对车内人员造成二次伤害。

其次，更不能使用方向盘套！方向盘套不安全，在紧急时候，方向的精准会决定最后的结果，花里胡哨的方向盘套会造成操作不当。

最后，后座的娃娃，会挡住你观察内后视镜的视线，从而对后面的情况判断失误，也非常危险！

c. 油门当刹车踩。

女性事故最常见的就是油门当刹车踩。我知道是因为突发状况紧张所致，我在新手的时候也恐惧，因为右脚既要控制油门又要控制刹车，生怕自己踩错了。

如何克服这个恐惧呢？首先当然是要慢，当速度不快的时候，人不会太慌。最重要的一点是养成一个习惯，脚闲暇的时候就放在刹车上。这样，紧急时刻，一脚刹车即可，不会有误踩。

d. 快车道慢行。

有时候，在快车道，会碰见慢慢悠悠的车主，一开始以为是司机在打电话。超过去一看才发现是个女司机，正襟危坐在那专注而紧张地开着车，看着这个场景，真是令人又好气又好笑。

女性司机一般都开得比较慢、比较稳，所以一般不要去占用最左边的快车道。因为车道的设计是快慢有序的，快车道就是给超车、赶时间的人用的。

你在快车道慢速行驶，会造成后车的混乱，为了超你，后方车辆不得不连续变道，造成一定的混乱，这对你来说也是一种潜在的威胁。

而且，当你占用快车道的时候，后面有的司机会不停地打灯或者按喇叭催你，对你来说也是一种心理压力，心慌之下极容易造成操作上的失误。

那么究竟应该走哪条道好呢？

女性司机走最靠右车道也不行，因为右边很多行人和非机动车，路况太复杂，也容易发生刮擦。

所以，女性司机靠中间车道行驶比较好。既能避免挡快车，又避免了剐蹭非机动车。

如果只有两条车道的话，还是选择右边的车道，但尽量靠左边行驶。

其实，开车就是一门熟练的技术活，养成好习惯，慢慢练习，一定是开得越来越好的！

36. 如果要慢行

很多时候你会遇到这样的困扰——明明在快车道，前面却有一辆龟速行驶的车，慢悠悠、不慌不忙地行驶着。

车道的设置是有目的的，慢车道就是给那些新手，或者不赶时间、慢悠悠的车辆用来行驶的。快车道就是给那些相对来说赶时间的司机预留的，也是用来超车的。

所以，要有意识地选择车道，不要太随意。谁都有赶的时候，谁也都有悠闲的时候，要学会文明驾车，换位思考。

现在快车道慢行是一个普遍的现象，尽管后面滞留了一大批车辆，后面车喇叭响成一片，仍然会有慢悠悠行驶的车主我行我素。当你不注意细节，自己需要快行的时候也同样会被不注重细节的人阻挡，从而带来很多不方便。

如果每个人都能多为其它司机考虑考虑，那些拥堵的情况就能得到很好的改善，与人方便就是给自己方便。

所以，新手同学或者需要慢行的同学，请靠右边的道行驶，把快车道让出来给需要的人。

37. 伤害车的坏习惯

很多司机有一个习惯，喜欢空档滑行。因为很多老司机都会建议，说空档滑行省油！

那么我们到底能不能空档滑行呢？

无论手动档还是自动档，空档滑行就是为了省油。

但是自动档的车辆，一定不能空档滑行！

车辆其实和人是一个道理，人是靠水来润滑的，车辆是靠机油润滑的。如果机油没有及时供给到哪个部位，这个部位的温度会升高，从而被烧坏。

所以，自动档的车辆，当你挂了空档的时候，机油的供油泵停止工作，但是变速箱照样工作，这时候变速箱没有足够的机油润滑，有被烧坏的可能！

很多人说，我空档滑行了很久也没见变速箱坏啊。

没错，自动档的空档滑行，烧坏变速箱只是时间问题和概率问题，但我们犯不着以身犯险。

那么，手动档能不能呢？

空档滑行是为了省油，如果你是化油器的发动机，是可以省油的。如果你是电喷的发动机，就不一定了。因为电喷的发动机是根据转速来自动判断是否断油的，和挂哪个档位无关。

手动档空档滑行最大的问题是，影响安全。

空档滑行发动机失去了对车轮的控制，如果遇到紧急情况刹车，就完全得靠车轮制动。原来两个人干的活（正常情况下，发动机和车轮制动一起工作，让车停下来）现在让一个人干，增加了车轮制动的负担，使得距离加长，破坏了稳定性，所以极易侧滑和失去控制。

我国的交通法严格规定，在下坡和拐弯的情况下，是不允许空档滑行的！

38. 不要骑线行驶

市内还有一种现象非常普遍，就是骑线驾驶！

有时候你会碰到这样的司机，喜欢骑着两条线驾驶，忽左忽右，也不知道他最终是要往左还是往右。这样会带来很大的安全隐患。因为后面的司机根本不知道你的意图，有的司机就靠自己的经验进行判断，结果在超车过程中造成失误导致刮蹭。

骑线驾驶还会被罚款，在南昌的主干道上，比如阳明路或八一大道，车轮压到实线就会被拍，罚款 100 元。

如果碰到骑线驾驶的司机，你应该鸣笛、闪灯提示，一般来说，提醒过后司机会有所意识。但也有新手司机，根本不知道自己在骑线驾驶。这时候，你就不能强行超车，要远离他，找合适的时机超车。

为了自己和他人的安全，请勿骑线驾驶。

39. 遇到路障时

市内行车会碰到路槛，它的作用就是为了提醒你减速。路槛一般会设置在危险、多刮蹭的路段，比如学校、小区门口，或者十字路口、岔道口等，这些路口原本就应该减速慢行。设置路槛是为了加强对你的提示，到了这个路段有危险！

现在学校里和小区里事故层出不穷，就是因为大家忽视了路槛提示，在学校和小区里是不允许超过 30km/h 的。请大家遵守规则，挑战规则的后果，就是会给自己带来麻烦。

高速过槛，在另一个角度来说，对爱车极度不利！

大部分车的悬挂，都是依靠弹簧减震的，高速过槛对悬挂有很大的伤害。好比你拿个弹簧出来，对它突然猛烈压缩或者然后猛烈拉伸，看看它是不是一会儿就失去弹性了？

高速过槛的另一个危害是伤胎，轮胎突然局部受力，力量超过了它的承受能力，就会导致鼓包或者局部撕裂。

所以请记住，过槛需慢速。

40. 后备箱并不安全

南昌经常发生敲玻璃的恶性事件，很多司机神经比较大条，贵重物品喜欢放在车里，而且是别人一眼就能看见的位置。

无论是撬锁还是敲玻璃，对于车来说都是一件很麻烦的事情，修起来既麻烦又浪费钱。所以车内一定不能放贵重物品，以防别人起歹念。

我专门买了玻璃险，就是以防万一。

很多人说，后备箱看不到总安全吧？

其实，后备箱也不能放贵重物品。

我们要注意两点。

a. 现在有电子干扰器。就是车主以为锁上了车子，其实没有锁上。这时候犯罪份子可以轻易打开你的车后备箱。

b. 放车的时候，请车头朝外。一般小偷喜欢偷屁股朝外车辆的后备箱。

41. 防止盗抢

目前，有一种很流行的抢劫手法。

趁着车主等红灯的时候，一个人吸引司机的视线，另一个人拉开车门，或从副驾驶开着的窗户里抢走车主的贵重物品。

要么歹徒就是趁着车主开车门的时候,坐进副驾驶劫持车主。

下面的习惯可以很好的防止类似事情的发生。

a. 升级车内行车系统，遥控开锁的时候，只开车主这一扇门。很多车是标配，一般的家用车可以在4S免费升级行车系统得到这个功能。

b. 一般的车，速度超过20km/h会自动落锁，但不要去等，要养成进车就马上锁车门的习惯，特别是女性。

c. 车窗不要全开，开一小半，以不能伸手进来抢东西或者开门的窄度为宜。

能做到这些，一般来说问题就不大了。

42. 停车歪轮会伤悬挂

很多车主在停车的时候不会关心方向是否回正，让轮胎歪着就把发动机给熄灭了。

这样会带来非常大的隐患。对于原来老式的传动系统，歪着轮胎会伤害助力转向系统。现在虽然使用的是电子助力，歪着轮胎对转向系统没有什么太大的伤害，但对汽车的悬挂会有伤害。

如果把车比如人，车轮就如同人的脚，汽车的悬挂就犹如人体的腿。汽车腿的一个最重要的部件是弹簧，歪轮会导致弹簧一直处在紧张的状态。长期下去对悬挂伤害很大，这应该很好理解，如果让你的脚长时间歪着，你会舒服吗？

43. 停车与手刹

手刹是什么？

我们这里讨论的是一般意义上的手刹，中央制动装置的不算在内。

手刹刹住的是后轮。

对于手刹应该注意以下几点：

a. 熄火停车一定要拉手刹！

你一定听过这样的案例，有的人停车不拉手刹，结果在没司机的情况下，车自己跑了起来，导致事故的发生。

停车一定要拉手刹！同时，拉手刹也是有顺序的讲究：

停车的步骤：脚刹—空档（稳当后）—手刹—P 档

为什么要这样的步骤呢？

大家可以对比一下这样的步骤：脚刹—P 档—手刹。这时候车子的状况，这种晃动的情况在坡路上表现得比较明显。

b. 手刹还经常配合 N 档位使用。就是在短暂等红灯的时候，挂 N 档的同时拉上手刹。

c. 现在很多车的手刹是弹簧作用式的，而且一般有 4 个档位。手刹越往上越近，弹簧就绷得越厉害。所以拉的时候以车不晃动为宜，尽量不要拉死，这样有利于延长手刹的寿命。

d. 在起步的时候，要确定把手刹打下去。记住，一定是按住按钮保证打到最底部。

我在新手的时候，有一次忘记拉下手刹，这样对手刹有伤害。现在大部分车行车忘记拉下手刹是会有提示音的，所以要留意行车电脑给你的提示。

e. 在高速上，万一刹车系统坏了，还可以间歇、缓慢、不停地拉紧放松手刹，使车辆停下来（这个大家一般用不到）。

f. 车辆漂移，也会用到手刹（这个大家一般用不到）。

44. 加油犯的错

加油的过程中，很多司机会犯错，而且很多时候并没有意识到自己在犯错。

加油站是高危区域，禁止明火，也要尽量避免摩擦起电，尤其是在秋季这样的干燥季节。

请注意如下细节：

a. 加油时不要接打手机。

b. 要尽量避免一切会产生静电的情况。

c. 加油时不要回到座位等待，防止摩擦产生静电，站立等候加油完毕即可。

d. 干燥天气、穿着容易起静电的衣物时尤其需要注意。如果回座位等待，记得下车时摸摸车框或加油机放电。

e. 加油时不要触碰金属油泵嘴，以免所带静电引起火灾。

f. 如果不幸发生火灾，不要拔出加油枪。不用担心会烧到你的油箱内部，因为里面没有空气。拔出油枪，突然增加的氧气会加剧燃烧。请就近找灭火器灭火！

g. 油桶加油，不能用塑料桶而应该用铁桶，而且加油的时候应该放在地上，不要把油桶放在车上直接加油！

45. 解决耗油问题

很多人到处找省油之策，殊不知，驾驶习惯才是决定你车辆寿命和油耗的关键！

车子其实和人是一个道理，需要保养，经不起常年累月的折腾。当你不注重车辆的时候，想想自己，如果让你总是不停地突然加速、突然急刹停住，你的关节受得了不？

这样一来，油耗要高出 20%，日积月累就是一笔可观的数目。

所以开车要缓开缓停，特别是当你看到前方比较拥堵，或者前方是红绿灯的时候，就不要一脚油门狂奔而过。

判断一个司机是否初步合格的标准就是，乘客乘坐你驾驶的车辆时是否舒服，急起步和急刹车的次数是否少。

如果急起步和急刹车的次数多，说明你开车凶猛，随心所欲，而且对道路的预判很差，要到跟前马上无法收拾了才采取措施。

这样的风格和心态发生事故的概率也很大。

急起步和急刹车除了伤车之外，特别是轮胎。还有一个危害就是耗油。

你知道你的油耗在哪里了吗？

a. 急刹车、急制动。

b. 经常性的来回变道。

c. 出门没有计划好线路，没有尽量避开拥堵路段或者左拐多的路段。

避免以上行为，既省油又保护了车辆，何乐而不为？

46. 半桶油是否省油

一次加油加半箱好，还是加满好？

这个话题，几经争论，最终还是没有定数，因为每个人情况不同，适合的方式也不同，所以梦飞要做的就是把所有情况都列出来分析清楚，供大家选择。

一箱油的重量到底是多少呢？

一升93号汽油的重量大概是0.8kg，我车的油箱是45L，所以一箱油重量是36公斤。但是你不可能成天拖着一箱油跑，油总是在不断消耗的，平均到每天大概是半箱油的样子，也就是车子拖着18公斤的东西成天跑，这样一来有什么情况呢?

a. 加油加半箱，确实省油，但是省多少要看具体的油箱大小。

b. 有利必然有弊。弊端就是加油频率会变高，如果你方便，家楼下就是加油站，那当然是可以，如果你加油要绕远，而且要排队浪费时间，那可就得不偿失了。

c. 长期让油箱低于半箱，有这么个问题，空气充斥在油箱里，潮湿的水汽有可能导致油箱壁腐蚀，油管堵塞。为了省点油钱，可能得不偿失。

d. 高温天气比较特殊，不能把油箱加满，因为高温膨胀会导致溢油，而且油品挥发，也可能会引起自燃。所以高温情况下，加到八九分满为宜。

e. 不要让油跑到最后一格再去加。油位过低可能会烧坏油泵。

f. 还是那句话，省油的技巧，其实在于司机良好的行车习惯。

47. 越好的路越小心

一般夜晚的路口，一旦发生交通事故，就会非常严重。因为夜晚车辆很少，行人和非机动车出没也很少，给司机造成一种错觉——这里很安全，我可以快。

在这种错觉下，很容易造成司机的超速和精力不集中。

在中国的大部分区域，白天车辆如织的时候，非机动车和行人都会毫无畏惧的闯红灯，特别是摩托车司机经常不降速，高速闯红灯。晚上车辆稀少的时候，他们更会肆无忌惮。

所以，当双方都放松警惕，提高速度的时候，一旦出现事故就是重大事故！

在看似平坦的大马路和没有人的十字路口，无论在多么诱人的路况下，都应该严格按照好的习惯来行车，逢十字路口和道路变化的交叉口必须先降速，这样才能确保万无一失。

48. 隔壁车道的车辆

有一种行车预判很经典。

不打灯就突然变道的现象大家不陌生吧，现在各大城市基本上对变道打灯无任何要求。有些司机随心所欲，在各个车道中来回穿梭，给旁道车辆和后方车辆造成很大的困扰，他们却不以为然。

虽然新的交通法规对这种行为没有处罚，但这肯定是一个不断完善的过程，不要养成陋习，不然等到以后法规严厉的时候，你想改却力不从心了。

市内开车还是要尽量少变化，变化越多，出现剐蹭的概率越大。

这时候，学会预判就很重要了。

你在行车的时候，一定要集中精力观察前方和隔壁车辆的动向，防止有司机突然随意变道，影响到你的行驶（最重要的还是要避免剐蹭）。

当你快速行驶在自己的车道，而前方隔壁车辆有车突然变道时，你要对自己的处境立即进行判断：如果离得太近，应该按喇叭晃灯提醒，同时减速等待对方的回应；如果对方硬变道，则让速，此时你不能为了保证速度而突然变到其他道上，否则很容易发生剐蹭！

在行驶中，最怕两车接近的时候对方突然变道。所以，当你要超过隔壁车道的车辆的时候要让对方知道你的存在，尽量以闪灯、鸣笛提醒，以防止对方突然变道。

当你要变道的时候，一定注意要先打灯提醒，反复观察后视镜，否则发生剐蹭是你的责任，得不偿失！

49. 隔壁车道的红灯

你一定碰到过这样的情况，你直行，左边的车道是左拐车道，并且停满了等待的车辆，而你的车道是绿灯，非常空。

这时候有个问题就会出现。

左拐是很难等的，有的车主等到不耐烦的时候会想要直行，宁愿绕一点路，而一部分车主又没有养成看后视镜才变道的好习惯，他会突然打方向变道。

所以你一定要注意如下几点：

a. 如果你有车道可以选择的话，不要选择最靠近停满等待车辆的那条车道，这样可以很好地防止隔壁车道车辆的突然变道。

b. 如果没有选择，请放慢速度，鸣笛提醒，以防止隔壁车道有车突然变道。

这是一个很细致的技巧，这也是梦飞目睹过几次剐蹭并碰到过几次坏习惯司机后总结出来的经验，大家一定要仔细体会，碰到类似情况的时候引起警觉。

50. 三条车道的路

很多好习惯是靠平时观察细节养成的，而很多时候往往细节决定成败!

我们在市内行车经常会碰到这样的路况,在三条路的情况下,应该选择哪一条行驶最安全呢?

答案非常简单，当然是中间的那一条。

市内路况最大的特点就是车多、人多、岔道口多。靠最左行驶,中间隔离带的岔路口很容易窜出拐弯车辆和行人，还有非机动车,由于视线遮挡，给司机的反应时间往往很少很少。

靠最右的话，右边的岔路口很容易刮蹭到行人和非机动车，同样的，反应时间也非常少。

所以，当有选择的时候，一定要在中间的道行驶，这样，不但视野开阔，而且司机本身的反应时间也会大大增加。

51. 开车的抢就是吃亏

行人和非机动车辆不遵守交通规则的有很多，造成这种混乱状况的原因有很多:

a. 道路设置不合理。中国很多道路机动车和非机动车道划分不明显，很多时候机动车占用非机动车道，逼迫非机动车非得走机动车道。

b. 国人的安全意识淡薄，很多人就觉得你不敢撞他！我经常在南昌看到摩托车风驰电掣地闯红灯!

c. 交通法对行人和非机动车过于迁就，不追究责任，保护过度。要想行人和非机动车按规章制度行驶，还需要漫长的时间和不懈的努力。

那么，我们司机应该怎么办呢?

a. 尽量靠中间行驶，跟摩托车和行人保持距离，减少剐蹭的几率。

b. 经过十字路口时，慢速行驶，时刻提防有行人和摩托车闯红灯。

c. 最重要的当然是要摆正心态，我们应该本着尊重生命和少给自己找麻烦的原则，礼让、避让行人和摩托车。

不要和他们挤和抢，不要去斗气，一切都没有意义。想想人家可能有急事赶时间，让让就好了。

52. 视线永远停留的位置

当你握住方向盘、踩下油门、车启动的那一刻，就不能走神了。市内路上的路况瞬息万变，稍不留神，就有可能导致剐蹭。

发短信、低头找电话、捡东西、跟副驾驶互动等所有视线会离开前方的举动一律要禁止。

这种悲剧应该听得不少吧——某位司机手机或者是眼镜掉了，低头捡东西的时候已撞到行人!

所以，行车的时候不要发短信、打电话，如果非常需要就应该配备蓝牙耳机。东西掉了，应该请副驾驶帮忙捡拾，不应该自己俯下身去让视线离开前方。如果不方便，就靠边停车后处理。

行车的任何时候都应该集中精力，更不要说冒险把视线离开前方了！请严格按照规定行驶，不要心存侥幸。

53. 不要只关注眼前

高速上行车最流行的是三秒原则——你要离前车 3 秒的时间（反应距离）才能最大限度地保持安全。

比如，你以 50km/h 行驶，那么根据三秒原则，你和前车应该保持 40 米的安全距离才算合理。但是这一点很难做到。

比如南昌的阳明路，是一条四车道，也是城区的主干道，跑 50km/h 是经常的事，但是要保持 40 米的车距太难，因为车多！

那么，怎样才能解决这个问题呢？

秘诀就是——眼观六路、耳听八方。

目光放远，不是以眼前的路况去做决定，而是把你目光所及之处都综合考虑进来。

比如，你在通过十字路口的时候是第四辆车，远远的你就看到有个摩托车在闯红灯，虽然你的前车还没有反应，这时候，你就应该踩刹车了！因为第一辆车碰到这种情况只能减速，如果你不提前制动，等到你的前车反应过来紧急刹车的时候，有可能就来不及了！

再比如，你在第三条车道行驶，发现前面远一点的地方，第一条车道正有一辆车强行加塞到你隔壁的第二条车道，这时候你就应该警惕了，应该适当减速，因为那辆车有可能引起第二条车道的车辆避让，有的车辆会加塞到你的车道上来。虽然你的前车没有做出反应，等到他做出反应的时候，你往往已经来不及了。

市内发生刮擦或者追尾，往往是不到一秒钟的事情，让人在短时间内反应完成，再刹车，绝大部分人是来不及的！

如何才能避免呢？就是把眼光放长远，综合考虑你视线所能及的路况，提前做出回应，防患于未然。

行车有意思的地方就在于此，要对路况进行快速、合理地回应。当你习惯了以后，就能做到张弛有度、快慢有节。那种人车合一的契合，会让人感觉非常舒服。

>>

Safe Driving Wisdom

Driving is a practice

第三章

看完这些，再走高速路

汽车，在给我们的生活带来便利舒适的同时，也给一些家庭带来了灾难性的后果。在中国，每6分钟就有1人丧生车轮，每1分钟就有1人因车致残，每年有10万个家庭在滚滚车轮的碾压下支离破碎！

驾校的失职、国家管制的松懈，加上司机生命意识的淡薄，中国每年车祸死亡人数已经连续十余年位居世界第一。

引发事故的主要原因有：无证违章驾车、无牌无证车辆上路行驶、超载、超速行驶、疲劳驾车、酒后驾车、违章占道行驶等。据一份交通事故原因统计，1/2是因车速过快造成的，1/3是超载引起的，1/4是因车辆性能、机械故障引起的。而在群死群伤的特大交通事故中，50%是由于车辆超限超载引起的。

车祸！也被深深地篆刻上了中国式的烙印。

其实杀死中国司机的最大凶手是自己！

随意地放纵自我！觉得酒驾没事，觉得超速没事，觉得疲劳点没事。一旦危险降临，悔之晚矣！

很多人是这样的，在他接受过一次教训后，才会收敛，才会重视安全驾驶。但是你要知道，生命只有一次，有时候一次教训就会终结一切！

不要改变几个家庭的正常轨迹

➢ 超速驾驶！疲劳驾驶！违规停车！

➢ 成为扼杀中国家庭幸福的三大主要杀手！

➢ 如果每个司机在每次出行之前反复地告诫自己：

（一）我承载的是一家人的幸福，家人需要我安全回家。

（二）我可以幸运一次，但不可能幸运一辈子，我的生命只有一次！

（三）严格按照交通法规规范行驶！高超车技的最高境界是按规范驾驶！

那么，每年中国至少有6万个家庭，可以保持完整、幸福。

在你紧握方向盘的时候，请想想家人期盼你安全归来的眼神，请心生敬畏，因为你一脚下去，可能会让几个人的人生轨迹从此发生改变！

在此梦飞整理出40条高速行车要点，这里面的每一点知识，都是我在自驾游过程中仔细观察、悉心总结出来的。毫不夸张地说，这将是史上最实战、最详尽、最全面、最接地气的高速行车教材，任何一条足以救命！

1. 高速三大致死原因之首

超速！超速！

在中国，高速车祸中一半是来自于超速行驶！无论是媒体还是身边的人，天天说十次车祸九次快！但还是有很多人，图一时之快，超速行驶。

其实交通法规应该对超速行驶实行更严厉的惩罚，因为超速往往会引起一系列的严重车祸，是一种自杀式的害人害己的举动！如果大家都按规矩开车，那么每年将会有一半车祸可以避免，挽救的是几万条性命，加上那些因为车祸致残的家庭，至少可以挽回十万个家庭的幸福！这还是个小数目么？

高速上喜欢超速的是那些自恃车技精湛，或是对车辆的性能颇有信心的车主。

殊不知，安全不安全，和车没有绝对的关系，和驾驶技术也不是关系很大，而是和心态、良好的驾驶习惯还有是否遵守规则有关系！

有个理论如是说，当车速达到每小时 160 公里时，不管你开什么车，有没有系安全带，发生爆胎后，司乘人员的死亡率是 100%。

记住，不是 50%，也不是 90%，是 100%！

2. 第二个致死原因

高速路上最容易疲劳！而很多人对此却毫不在意，这就是“疲劳驾驶”成为高速路上第二大杀手的原因！甚至还有同志炫耀自己连续奋战 10 小时从未休息过！

高速公路上驾驶员打瞌睡的频率大约是 45 千米一次，而且经常是在毫无察觉的情况下，睁着眼睛睡 1~4 秒。仔细回想一下自己开长途的情景，是否有这么几秒恍惚过？

高速路上为何容易疲劳？

a. 车速快，超车、跟车节奏比较快，人精神紧张，容易疲劳。

b. 高速公路景色比较单一，很多时候开几个小时，身边景色都差不多，这容易让人不小心超速，也容易被催眠。

c. 车内封闭，噪声单一，座椅有频率地震动，加上车内其它成员有时候在蒙头大睡，这些因素加起来很容易让司机恍惚。

高速路上如何防止疲劳？

a. 司机在长途驾驶前一定要保证充足的睡眠时间。

b. 长途驾驶前，忌饮酒、忌感冒药（这点很重要！感冒药最容易让人昏昏欲睡）。

c. 连续奋战二三个小时后，一定要到服务区下地休息，吹吹风，这样也对腰椎、颈椎有好处，这时候也可以顺便检查一下轮胎。

d. 车内放不同风格的音乐，切勿太闹，影响司机注意力；切勿太柔，容易催眠。

e. 开车时候，嘴尽量不要停，要么嚼东西，要么和副驾驶聊天。当然，聊天时视线不能离开前方，不能分散精力，否则适得其反。我每次长途，身边的人都会轮流跟我聊天，这点做得很好！

f. 定速巡航是硬币的两面，悲喜参半，请慎用。大家肯定听过很多品牌的原装定速巡航出了问题，导致刹车失灵的事情。我本来想去给自己的车装一个定速巡航，后来都作罢。定速巡航确实不错，解放了右脚，但是舒服的状态很容易让人注意力不集中！所以请慎重使用，特别是当原车不自带时，切勿改装！

g. 在最容易疲劳的时段，更应该多加注意！比如午饭后的时段和晚上。这时候超车、行车要格外小心。因为你没疲劳，别的司机却可能在打瞌睡！请记得鸣笛、闪光交流提醒！

3. 第三个致死原因

梦飞经常跑高速，路上碰到过很多车辆违规停靠在应急车道上，大部分没有任何防护措施，只有极少数车辆的停靠方式是正确的，不禁对国人淡薄的安全意识很是吃惊。

仔细观察不难发现高速上有两种具有毁灭性后果的现象，而这两个现象叠加起来造成的不良后果可以无限放大！

第一个就是违规停车，第二个就是应急车道超车！

如果你经常跑高速，稍微心细一点就会发现这两个现象非常普遍，或者说你也这么干过！

梦飞试问，你在应急车道违规停车，万一有不要命的司机从应急车道超车撞到你，你不怕？

最可怕的是，这些司机在应急车道违规停车后，还不下车！一车人悠闲地待在车内，等待噩运的降临！

大家百度“高速违规停车车祸”，就会发现，这种现象很普遍，带来的伤害也非常巨大！被追尾的车辆最倒霉！因为经常会被引爆油箱！

中国的高速法规，应该对此出台更加严厉的惩罚制度！实行一票否决制度，相信这么做了以后，每年中国高速死亡人数会下降很多！

请注意如下几点：

a. 不到万不得已，不要在高速上随意停车！撑到服务区，到那里随便你如何休息都可以。因为应急车道超车的亡命之徒太多！

b. 万一遇到紧急情况非要停车，请打开双闪警示，同时在至少 150 米处放置三角警示牌！如果没有三角警示牌，可以拿树枝等物品代替，总之，你一定得放点什么，让应急车道超车的人知道前方有车辆。但是你不能放置导致其它车辆翻车的物品，比如备胎或者大石头。

c. 全体人员应该撤离车辆，而且站的位置非常有讲究，不能站在车辆的前方，应该站在车后方三角警示牌所在位置的栏杆外，而且应该面对来车方向，这样是为了防止有的车辆没有看到后追尾，从而对你造成不必要的伤害。

d. 停车的地方不能选择弯道等视线遮挡处，应该选择直道，以便让后面的司机早些发现！

e. 请勿长时间停滞，高速处处险象环生，无故长时间停留在应急车道上就是对自己性命的漠视。

4. 其它致死原因

高速行车贵在循规蹈矩，不心存侥幸。

规则说起来简单但是百分之百做到非常难，规则就是用来遵守而不是用来颠覆的，颠覆规则的结果就是让自己遍体鳞伤，有的坏习惯现在没有出现问题不代表一辈子没有问题，所以要百分百安全，除了百分百遵守规则，别无他法。

遵守规则的前提是熟知规则,知道在高速上什么是可以为之，什么是一定不能为之。

然后就是一丝不苟地遵守规则，不逾越半步。

高速上十大致命行为，除了超速、疲劳驾驶、违规停车外，还有超载、不系安全带（主要是后排）、不规范跟车、不规范变道、酒驾、特殊天气操作不当、开小差。

逞一时之乐，得一生之忧，聪明的司机一定算得清这笔账。

5. 上路前的保命检查

之前我们说过，一个合格的司机应该有一个两圈的习惯，即上车前绕一圈，下车后绕一圈。

上车前绕一圈是为了检查车辆是否存在异常，只有每天做到对车况心中有数，才能开好车。

那上高速前，是不是就不用检查车辆了呢?

当然不是，上高速跑长途靠简单的自检是远远不够的，一定要对车辆做一个全面的检查。检查机油、变速箱油、转向助力油、制动液以及防冻液，轮胎是主要的检查对象，要仔细查看轮胎的磨损程度，判断是否适合上高速。

这些检查你只要开车去 4S 店或者汽修店都可以，非常方便。

还有一项最容易被大家忽视的，就是备胎，跑高速前一定要给备胎充满气，否则胎到用时方恨瘪，备胎在关键时候起不到任何作用!

轮胎在高速行驶过程中非常重要，即便你在跑高速前做了全面的检查，在跑的过程中也要留意轮胎的状态。

为了防止疲劳驾驶，建议司机每隔 2~3 个小时就到服务区休整一下，这也是给车辆一个喘息的机会。在服务区休息的时候，也请自行查看一下轮胎，这样方能确保万无一失。

6. 这样做能让你的高速行车更安全

跑高速细节非常重要，一些小的细节看似简单，紧急时刻会起到至关重要的作用。

在高速上要保证安全，除了及时发现别的车辆，还有另外一个要点——就是让别人早点发现你。特别是超车的时候，如果前方车辆知道你的存在，那么就能消除在你超车的刹那它突然变道的隐患。

所以梦飞在此倡导三点细节：

a. 如果没有日行灯的车辆，只要是跑高速，无论何种天气，请开启你的近光灯。有机会你仔细观察后视镜，开灯车辆在你的后视镜中很容易被发现！

b. 在超车的时候，请打左转向灯，转向灯的闪烁也很容易引起前车的注意。

c. 双车道时，如果有车想要超你但却一直不敢超，说明他判断不了你的意图，这种犹豫不决最容易让后车司机失去耐心，从而做出不理智的选择。此时，你应该开启右转向灯，右转向灯的灯语就是：请放心超车，我不会变道。

另外，还有一些细节值得注意。

上高速，安全带不光是前排乘客的事儿，后排乘客也应该系上安全带，儿童应该配备安全座椅，并且放置在驾驶员后方的位置。

7. 如何进入主路

高速的出入口是事故的多发地段，究其原因，是很多司机根本没有正确掌握从匝道进入高速的技巧。

其实从匝道进主路的技巧适用在两个地方，一是高速的匝道入口，还有一个就是服务区的出口。

这两种情况比较容易出交通事故。为什么呢？

a. 高速主路行车道上的车辆，没注意到匝道是否会有车辆窜出。碰到岔路口，既不减速，又不鸣笛，碰到那些从匝道不会上主路的司机，就很容易发生碰撞。

b. 很多新手司机，不知道该如何从匝道并入主线。有的司机高速驶入，有的司机甚至还直接从匝道横跨几个车道冲入快车道！

c. 有的匝道进主路的护栏有遮挡，影响了两方司机的视线！

那么，应该如何安全、正确地从匝道驶入高速主道呢？

a. 大家观察一下匝道入口就会发现，那段路要稍宽一点，会有一段缓冲路，缓冲路的作用，一是为了让进入匝道的车辆把速度提到最低限速后平缓过渡到主路。二是为了让主路行车道上的车辆尽早发现匝道有车进入。

所以，切忌从匝道口突然冲到主路，更加不能一头扎进快车道。

b. 正确的做法是从匝道口进入的时候，尽量让自己的车身平行于道路，一开始一定要行驶在缓冲路上，在缓冲路上加速到与行车道上的车辆速度相同。

c. 在加速的同时反复观察左后视镜，打左转向灯，提示主路行车道上的车辆你的存在。这样操作的好处就是让双方的视野都开阔，并且有充分的反应时间来处理。

d. 如果你是高速主路行车道上的车辆在接近匝道入口时，请留意是否有车辆进入。此时你应该减速、提前把脚放到刹车板上，以防止有车辆从匝道突然窜出！

8. 保持车距的论证

高速上学会跟车至关重要，但现状是，大部分司机在高速上都跟车过近，所以一旦剐蹭连环追尾的可能性就非常大。

跟车不规范的司机中一小部分是由于安全意识淡薄觉得无所谓，另外的很大一部分是没有正确合理的跟车概念。

那么如何跟车才算安全合理呢？

有一种说法，就是你要和前车保持多少米的距离，但是在高速上目测和前车的距离具体多少米是一件很难的事情，这种方式不利于随时检测自己的跟车距离是否合理。

其实在高速上跟车有一个法则叫三秒原则。

何为三秒原则？

就是找一个参考点，我们姑且把参考点叫做 A 点，当前车经过 A 点开始计时，计时的方式就是司机开始 1、2、3、4……数数，如果你到达 A 点的时间是三秒（差不多数到 6）或者三秒以上，那么跟车距离就很安全，如果你到达 A 点的时间小于 3 秒，那么你就应该轻微点刹降速，拉开和前车的跟车距离。

三秒原则的合理之处在于适用于各种车速，不用去死记硬背在 100km/h 的时候要距离前车 200 米之类的数字，而是灵活运用在各种车速下。

这样司机可以随时准确监控自己的跟车距离是否合理。

还有另外一种非常简单跟车方式，就是以看到前车的前车为准，为什么我们在高速上要强调跟车距离的重要性？就是为了让你能有足够的反应时间来刹住车！

如果连车都刹不住，谈何安全？

当然这一切的前提是你不能超速，在超速的情况下，很多东西都会发生改变。

9. 如何防止后车跟车太近

我们前面讨论了如何跟车最安全，在高速上你除了要保证自己不追尾，还得提防被别人追尾。被追尾是一件很惨的事情，因为有可能会引爆油箱，油箱一旦爆炸，生还的可能性就微乎其微了。

高速行车难就在难在是个瞻前顾后的过程，你不但要顾及眼前，还要提防身后！

在我国的高速上，跟车距离都普遍过近，当你有意识的拉开距离的时候，就有小车会不要命一样，加塞到你保持好的安全距离中间！非常让人讨厌。

首先，你一定要有这样的意识，后车离得近对你来说绝对一种致命的威胁。有意识才会注意，能注意到才能有效避免风险。

其次，你一定要养成经常扫内后视镜的好习惯，特别是当你前方车况繁忙的时候，这时候前方发生剐蹭的可能性很大，如果你后方车辆跟车过近，一旦急刹，你被追尾的可能性就很大。

最后，如何避免后车跟车过近呢？

轻点刹车提醒。

注意，是轻点刹车，不能急刹，急刹会出问题。

当你轻点刹车，刹车灯会亮起，后方司机就会明白你的意思，他就会拉开和你距离。

当然也会碰到看不懂的亡命司机，如果反复提醒无果，就考虑变道让他先走。

同样，一定要养成跟刹的习惯，当前车刹车灯亮起的时候，一定是有原因的，此时不要犹豫，果断跟刹，和前车拉开距离，以防万一。

10. 正确的超车方式

超车！超车！

超车在高速上是一个再平常不过的举动了。但是有时候生死就在这一瞬间！而很多驾校顺利毕业的同学，根本就不知道如何正确超车！

我先提个问题：你知道在高速上哪些地方不能超车嘛？

窄桥、弯道、陡坡、隧道、应急车道。

而弯道超车，你见识得还少？很多司机在应急车道超车，一些亡命之徒在隧道还玩极速超车。归根到底是驾校失职，司机根本就不知道什么事情是有所为，什么事情是一定不能为！

那么在高速上应该如何超车呢？

a. 窄桥、弯道、陡坡、隧道、应急车道，一定不能超车！

b. 应从左方超车，右方超车属于违规。为何要规定超车得走左边呢？因为中国司机的位置是在左边，司机对左方更加敏感。

右方盲区很多，你在右方超车，前面的司机，特别是大车司机，根本无法注意到你。这时候他变道或者做其它动作，极易出事故！

知道了什么情况下不能超车后，我们来看看正确的超车步骤：

a. 当你看到一辆车准备超它的时候，第一步应该扫内后视镜。有的人会觉得很奇怪，为什么我超车要扫后视镜？之前我们说过，开车是个瞻前顾后的过程，而超车极其危险，不但要防止前车突然变道，还要防止右面有车高速插上，加塞别你！

所以高速超车的第一步是扫内后视镜，对后方车况做到心中有数，以扫除后顾之忧。

b. 第二步打左转向灯，闪烁的灯会引起前车的注意，然后鸣笛、晃灯。鸣笛、晃灯和左转向灯都是和前车的交流方式，意思就是告诉大车，我要超车了，请不要变道。

c. 接近前车，我们之前讲过高速上合理的跟车距离是三秒准则，当你准备超前车的时候，完成了前两步后，就要加速接近前车，看前车的反应，此时应该盯着前车两个部位，一是左转向灯，二是左前轮，如果前车示意它要变道，你就点刹降速。如果前车无反应就接着下一步。

d. 在和前车沟通过后发现它没有变道的意图，则加速超车，但请注意，在快靠近前车的时候一定要扫右后视镜，确认无车突然高速插上加塞后才能一脚油门到底，加速超车。

e. 一定要尽量缩短和旁边车辆并排的时间，所以超车一定要果断快速，一脚油门到底。记住，高速上和其它车辆并排是大忌，特别是大车！因为他们爆胎或者失控，可能会殃及到你！

f. 超车完毕后，行驶一段距离后回到行车道，长期行驶在超车道是不科学的做法，因为超车道上亡命徒太多！

11. 高速上的大忌

高速上频繁变化其实是大忌，变化越多越突然，相应的危险也就越大，因为高速上的所有车辆是一个动态的平衡，你的改变会引起周边车辆的联动，只要有一个环节或者说一辆车互动错误，就会引发一系列的问题。所以高速上应该尽量少变动，就算迫不得已要变动，辐射面也不宜过大。

根据这个道理，所以说在高速上连续变道或者一次性跨越多个车道的行为是非常不科学的！

而很多司机恰恰会这么做，有的司机喜欢炫技一般来回在慢车道和快车道车流里穿梭，我每次碰到这样的司机都会刻意保持距离，他们一定是剐蹭的诱因，离太近有可能被殃及。

连续变道或者一次性变换多个车道中有一种情况特别危险，引发过很多恶性交通事故，它就是，快到出口的时候，有的司机会突然从快车道一路奔向出口！

这种行为最危险，网上有非常多的由于一次性穿越多个车道导致惨烈车祸的视频，大家可以去搜一下。其实一个合格的司机，应该多去看车祸视频，一是总结别人的失误，二是提醒自己开车要小心再小心！

己所不欲勿施于人，你首先要保证自己不会犯这样的错误，同时，看到这样的司机，一定要远离！

12. 正确的变道方式

70% 的中国司机变道是不打灯，不看后视镜的。之前我们说过，开车的实质就是和周边车辆互动的过程，沟通顺畅，互动良性，就能保证彼此的平安。打灯就是一种与周边车辆交流的语言，就是告诉其它人：我要变道了，请小心，不要靠近。

所以，开车一定不要怕麻烦，该做的动作一定要做到位。

下面我们来看看，如何正确变道：

a. 反复扫后视镜，观察后方车况，如果你所要变的道上车辆非常多，而且车速特别快，就不能心急。要等待合适的时机，同时注意好前方的车距。

b. 在决定变道的时候，第一件事情是打灯，打灯是给后方车辆一个信息，我要变道。如果有的车辆快速靠近，他就会闪灯，提示这不是你合适的变道时机，这时候你就应该放弃变道。因为强行变道而影响到正常行驶的车辆，是你的责任。所以打灯后，等待几秒，等到后面安全的时候，就轻打方向变道，高速打盘过猛是忌讳。

c. 变道的线路不是直插 90 度，而是在前进中慢慢打盘，尽量让车身和前进方向保持平行。速度快的情况下，打盘幅度过大，容易侧翻。

d. 再强调一遍，变道是一个加速向前的过程，判断一个变道是否优秀，就是看方向盘是否动得少。

e. 变道完成以后，不能马上接着变道。

f. 变道时，也不能一次性连续跨越多个车道。

g. 在变道超车完了以后，要回到慢车道。小车也不宜长期在快车道行驶。

13. 超车最常犯的致命错误

在市内有的举动可能不会引起致命的后果，但是高速上小的不良习惯有可能致命！

超完车后，超车动作算不算全部完成了？其实还差一步，就是回到行车道。一般来说高速上长期行驶在超车道（最左边的道）是不妥的，因为那条道亡命徒太多，当你以正常速度行驶的时候，很多车会一路鸣笛不断接近你催你快点，在无形中增加了你的危险系数。

所以超车完了以后一定会有一个动作，就会变道回行车道。

当完美完成了超车动作后，很多司机会在变道回去的环节上出问题。什么问题？就是还没有和后车拉开合适的距离就变道回去，这么做会给后车带来极大的困扰。

如果后车是个大车，有刹不住追尾你的可能。如果后车是个小车，有的司机被你别了一下后会怀恨在心，他会超回你然后在前面故意踩刹车减速或者别回你，以达到报复的目的。

这非常危险，而且在高速上并不少见，梦飞曾经就碰到过！

所以请记住，当你超车完毕后，不能马上变道回去，得看右后视镜，只有当后车的全脸都出现在右后视镜中（脸越小说明距离越远，就越安全），才能变道，否则就是耍流氓！

14. 遇到紧急事件第一反应

我带过新手开车。发现新手有三大危险的通病：

a. 遇到紧急事情，想到的第一动作，不是踩刹车降速，而是大幅度打方向。

b. 变道不打灯。

c. 骑线驾驶。

在高速上，平均速度80km/h的地方，任何一个这样的坏习惯，足以致命！

想想你们平时开车时候的情景，当遭遇特殊情况的时候，是不是猛打方向？

高速猛打方向，侧翻的概率太大！方向只能缓打慢回。

在高速上碰到紧急情况时，记住一个原则：让速不让道！

什么是让速不让道呢？

按照字面意思解释就是：我宁愿速度降下来，也不去轻易变换正在行驶的车道！

你在高速上肯定会经常碰到这样的无良司机，会贴着变道，斜斜地插入你的正前方！

这时候我们应该怎么样做呢？

我们应该减速，让他变道，而不是被他挤到另外一个车道上去。他硬挤，发生剐蹭是他的责任。如果我们为了躲避它，被挤到另外一个车道发生剐蹭，就是我们的责任！

所以当你碰到情况的时候，一定是先降速！而不是去打方向。

最后提醒：先刹车，先刹车！

15. 应急车道更要小心

之前我们谈到过应急车道的话题，这次我们来讲讲应急车道的超车问题！

应急车道超车最大的弊端，就是会追尾应急车道上的违规车辆。

在前面我们讨论过这个问题，当应急车道乱停车遇上应急车道乱超车，伤亡数目是呈现几何倍数增长的！

应急车道出事的为什么这么多？

a. 应急车道停车乱象横生，基本上停车很随意，在150米外放置三角警示牌并且打双闪灯的可谓是凤毛麟角！

b. 应急车道超车，必定就是右方超车。之前我们也说过，中国司机是在左边，右边盲区特别多。特别是当你前面跟了一辆大车的时候，基本上不知道右方状况如何。当你盲目拐上应急车道的时候，根本不知道你将要面对的是什么情况。走上应急车道，发现有个车违规停放时，为时晚矣。

c. 超车，就必须伴随着加速。所以应急车道要么不发生车祸，一旦发生车祸基本生还的可能性很小。

d. 应急车道超车就是把命交给老天。所以应急车道千万别超车！别心存侥幸，100次可能不出事，一旦出事，你就没有任何机会了！

16. 为什么大车如此可怕

高速上，大货车有几大可怕的之处：

a. 刹不住。

b. 给你带来视觉盲区。

c. 侧翻。

d. 急打方向失控。

e. 爆胎。

我们来逐一分析这几点的可怕之处：

a. 刹不住。为什么大货车会刹不住？

分为主观和客观两种原因：

主观原因：

（a）货车体积大而且重做什么都很困难，刹车、起步、掉头等任何动作都没有小车灵活，特别是起步，一般货车满载速度从0加速到80km/h，需要几分钟的时间，正因为起步如此困难，所以货车司机一般速度上去了都不愿意降速。

（b）刹车有可能导致货车折头。什么是货车的刹车折头？由于货车的车头和车身是分成两节的，车头轻、车身重，车头车身的惯性不同，刹车的时候，车头刹住了，但车身的由于惯性继续向前冲，导致车辆折头甩尾，非常危险！

正是因为这两个原因，货车司机一般不愿意刹车，特别是急刹车。

客观原因：

货车大多是超载的！如果不超载，他们跑一趟下来很难收回成本。而且刹车对于车辆本身来说负荷损伤巨大，远远的他们虽然看到了你但是他们刹不住。

主观、客观两种原因导致货车刹不住！

b. 给你带来视觉盲区。

这个很好理解，货车体积过大，会遮挡你的视线，特别是关键位置的视线，比如你跟着一辆大车，根本不知道前方发生了什么，如果跟车习惯不好还跟得过近，前方一旦有紧急情况发生给你的反应时间就少之又少。

c. 失控、侧翻。

超载不是好事，货车司机也知道，但有时候确实非常无奈。超载会给车辆本身带来一系列问题，比如轴承、轮胎等部件承受超负荷的压力。再比如，车辆超重时比正常载重时惯性要大得多，很多时候司机对超重后车辆状态没有充分的估计，还是按照之前的经验来操作车辆，导致车辆失控侧翻，被侧翻的满载大货车压到是致命的。

d. 爆胎。

超负荷的长途行驶，对轮胎的监控是非常困难的，这是导致大货车爆胎率极高的原因。货车一旦爆胎随之而来的就是车辆失控，其它车辆基本不会有躲避时间。

高速过弯，也是导致大货车爆胎的原因之一。

正因为如此，高速上看到大车应该尽量远离！

17. 找机会远离大车

我经常问车友，你是怕前面还是怕后面？大家也可以思考一下这个问题：开车的时候你是觉得前面可控还是后面可控？

我的回答是，我怕后面！

特别是什么时候？特别是后面有大车的时候！

我开车尽量避免被大车跟，这是一件很恐怖的事情。因为大车自身重、惯性大，有较长的刹车距离，加上紧急情况大车有时候刹车会失灵。所以不要和大车斗，被大车追尾，基本上生还机会渺茫。

被大车追尾除了造成物理伤害之外，最大的副作用，就是会引爆油箱，造成起火或者车子爆炸！

还有一种情况更加恐怖，就是前后被大车夹击！一旦出现状况，基本就被夹成相片！

所以在高速上，除了要观察前面，和前车保持良好的安全距离之外，还要通过后视镜，时刻警惕后车的情况。如果遇到后车有大车跟的情况，应该找机会超车远离。当遇到前后同时有大车的情况，这时候一定要找机会第一时间远离！

18. 学会观看提示

高速路上，什么最重要？就是各种提示牌！提示牌是对高速上变化路况的提前预告，会看提示牌就能提前做准备。

而很多从驾校顺利毕业的同志，基本是不看提示牌的。

你错过提示牌，会有什么后果？

a. 不同的路段限速是不同的，你不看提示牌，一口气一个速度开下去，很有可能超速。

b. 特殊路段的提示牌提示是否能通行。有的路段如隧道，有专门的提示告诉你是否能通行。如果你不看提示，里面有车祸，你还照样进去，后果会非常严重！

c. 修路提示牌非常重要！高速上容易追尾的情况是什么？就是前方有修路，两条道路变一条路，而你没看提示牌不知道，又跟前车太近，当前车突然变道的时候，你就很容易出事！

d. 不提前看提示牌，也很容易错过出口！

所以开车的时候，要学会看提示牌，提示牌会有效地告诉你，前方是什么路况，是否能通行，让你好提前做好准备！非常重要！

19. 注意路上掉的物品

开车不但要注意前车，还要关注地面，特别是超车的时候！

别小看地面上的小东西，螺丝、木头屑什么的。当车速很快的时候，任何小东西都有可能致命。这和小鸟撞飞机一个道理。有时候当你快速压过地面上东西的时候，会导致爆胎！还有一个事故特别出名——前车机油漏了，在超车道上留下一小摊机油，后面的司机没发现，快速压过，由于左右两边的摩擦力不一样导致车辆侧滑！

所以，当你一旦发现地面异常的时候，应该如何处置呢？

当高速行驶时，若有坑口或者低于15厘米的障碍物（靠经验判断），不能猛打方向躲避，应该让障碍物在两轮的中间骑着过去！

如果是很大的障碍物，一定是先刹车！然后再打方向，速度很快的时候打方向，车辆很容易侧翻！

但是很多驾驶员根本不知道自己轮胎的位置在哪里！如何快速判断呢？如何才能让障碍物准确得从两轮之间过去呢？

a. 驾驶员左腿的位置，就是左轮胎的位置。

b. 这时候如何安全通过呢？让左腿正对坑（障碍物）的左沿，就可以轻松准确得过去！

这个要点对于老手来说很容易掌握的，新手或者生手建议多试试，找找感觉，这样在突发事件来临的时候就可以轻松应对！

20. 走好自己的车道

我在梦飞车友俱乐部的群里发现一个很有意思的车友，他在群里分享经验，说在高速开车能骑线就尽量骑线！他认为这样很安全，因为左右都留有一段距离。

相信很多人都有这样的观念，其实骑线驾驶是错误的！

在高速上偶尔会发现有的司机总是占着两个车道行驶。一开始我还很纳闷，后来想想，要么是新手不知道自己在骑线！要么他也持有同样的观念，骑线安全！

我远远地跟了他一段时间发现非常危险。骑线驾驶、后面的司机根本不知道你意图在哪里，是要超车还是要回到慢车道?

高速的设计是快、慢车道的最低时速和最高时速不同，你骑着两条不同速度的车道行驶。在弯道或者视线不好的地方，碰到车速过快的司机，就很容易被追尾!

其次，如果碰到耐心不好的司机，跟着你不知道你到底要干什么，强行超车，也很容易出现事故。

所以高速上，切勿骑线驾驶!

21. 高速弯道

高速上弯道可怕的不?

可怕! 原因如下:

a. 高速过弯是一种激烈的车况变化状态，由于四个轮子摩擦力不均衡的原因很容易导致车辆失控侧翻，如果再加上天气不好道路湿滑的话，情况会更加糟糕。

b. 弯道会造成司机很大的盲区，如果司机还跟车不当的话情况会更加糟糕。

那在高速上碰到弯道我们需要如何处理才能保证万无一失?

弯道有没有铁律? 有的!

a. 弯前必须减速。

b. 弯道一定不能超车。

在高速上快速过弯是愚蠢的。很少人能有机会清楚得了解自己车辆的拐弯半径极限，在不同的条件下（比如：雨季、雪天）拐弯半径极限会发生变化，为了保证安全在弯前一定要减速进入。

高速的弯道情况瞬息万变，弯道必定伴随着盲区，如果快速拐弯待到出弯的时候，有坏的车辆或者积水，就很难处理。

所以高速上拐弯的第一条准则是：提前降速、集中精力应对突发事件。

弯道超车是行车的一大禁忌，如果能抵住诱惑，坚决不弯道超车，那人为的事故率会降低很多。

那在高速上能不能弯道超车呢？

当然也是不行的！

刚才我们说过，弯道最可怕的地方在于有视线上的盲区，你不知道在出弯的时候会面临什么状况，如果这时候旁道有车特别是大车干扰，原来视线可以企及的地方由于旁边车辆的遮挡也变成了视线盲区，换句话说，盲区增加了，那么危险也就相应增加了。

高速上弯道超车有两个危险点：

a. 在出弯的地方一旦有坏掉的车辆或者积水，由于旁边车辆的遮挡无法及时发现。超车就意味着一定要加速，如果速度起来，在出弯的时候又有突发状况，那么你只能选择急刹或者向右方变道，弯内急刹容易因为车辆的不稳定导致侧翻，右方有车辆，选择变道，会引起剐蹭或者追尾。

无论你选择如何处理，都会在很大概率上引起不良后果，所以最稳妥的方式就是弯道不要超车，特别是大车！

b. 弯道超车的另外一个风险就是被超车辆有可能变道从而引发追尾。弯道盲区非常大，你根本无法弄清楚被超车辆前方的状况，如果此时被超车辆距离它的前方车辆非常近，那它只有被迫选择变道，此时不明就里的你选择超车，后果不堪设想。

综上所述，弯道是一个非常危险的路况，因为你无法预知前方即将面临什么，所以安全过弯的秘诀就是弯前降速防止侧滑，而且一定要守住不超车的底线！

22. 别扎堆去凑热闹

在高速上，你一定碰到过这种情况，前方车辆形成了一个小车流团，造成车流拥挤的原因是大车长期占用超车道！两个大车并驾齐驱好一会儿，导致后面的车无法超车，大量车辆拥挤。

随即又出现另外一个问题，一些小车车主可能觉得自己车技过硬或者觉得自己的车安全系数高，完全不顾安全，在拥挤的车流中不断地来回穿梭，经常看得我脑门冒汗！

碰到这种情况一定要躲得远远的，因为这种情况一旦出现车祸必定会殃及后面的车辆。如果你没有这种意识，还紧跟着拥挤的大部队，一旦出现状况，肯定会被波及，最后后悔莫及。

这就是为什么有时候你会听新闻报道多辆车连环相撞的原因！而且这种事故往往最惨烈！车子扭曲在一起，人——或者尸体跟沙丁鱼一样挤在了一起！

当你发现前方车况复杂、有点拥挤而又有小车耍杂技一样在车流里穿梭的时候，你还应该坚持三秒的跟车距离，而且应该刻意减速退避。一定要假设那个小车会惹麻烦，不要往跟前凑。等前方拥挤的情况慢慢散去，再加速上前！

挤则生乱、乱则生变，君子不立于危墙之下！

23. 高速出入口和服务区出入口注意事项

高速出入口和服务区出入口是事故多发路段，因为路况的变化可能会引发车辆之间的动态平衡发生改变，特别是当有一些车辆不按常理出牌，这种情况会更加恶化。

所以到了高速和服务区的出入口一定要多加小心，这时候其它车辆一次性跨越几个车道从入口驶进或者直奔出口的可能性增加。

a. 如果你不出这个出口或者不入这个服务区，那么在快到出入口的时候应该提前变道到最左边的车道，这样被干扰的可能性大大减少。

b. 即便提前变道到了最左边的车道，也要刻意和前车拉开安全距离，因为前车可能因为马上要到出口，突然急刹。

c. 如果你准备从该出口出或者进入这个服务区，那么在快到的时候应该提前变道到最靠右的车道，因为不是你想变道就会有合适的时机，一切都需提前。

d. 经过高速入口或者服务区出口的时候，一定要防止有车突然窜出来，此时行驶在最靠左的车辆最为安全，即便行驶在最左边的车道也要密切注意前方车况。

24. 匝道过头不要慌

高速上最惊人的举动是什么？

逆行！倒车！

这是一件不可思议的事情，但是还真有人做，而且还不是少数！

前几天合肥发生一起很严重的事故，在两辆车都超速的情况下迎面相撞，直接导致6人当场死亡。其中一辆车的5人全部遇难，因为其中一辆车违规逆行！

在高速上，追尾都是很严重的事故，此时的相对速度还不是很大，相对速度相加的迎面相撞所造成的后果可想而知！

在高速上，切勿逆行！你这不但是在自杀，还是在谋杀别人！

高速上也是不允许倒车的！道理也是一样，追尾都是一件很严重的事儿，何况是倒车被追尾！

逆行和倒车，不但要被扣除12分，一旦出了人命，还会被追究刑事责任！

错过出口并不可怕，在下一个出口掉头就可以了，高速的设计相邻的两个出口不会相隔很远。我有一次从长沙回南昌，转道沪昆高速的时候，就错过了口子，我接着行驶了几公里，在那个出口的收费站掉头，接着行驶，一点问题都没有。在收费站都会有一个可供掉头的口子，就是供走错了路的司机掉头的。就算没有，下收费站再重新上高速也不是一件麻烦的事情。

最后再次强调！在高速路上是不允许逆行、倒车和掉头的！

25. 收费站最容易出现的事故

有一个地方最容易追尾，就是收费站！

可能大家不大会在意，有的收费站设计在拐弯或者长坡的地段，一些大车惯性比较大，车速过快，等到发现的时候刹车已经来不及了！大家百度“收费站车祸”，就会发现，收费站车祸不是一起两起，经常发生！一旦发生，就非常惨烈，你想想刹车不住的大车呼啸狂扫而来，几乎是毁灭性的！

其实即便是收费站设计出现了问题，也是可以避免刹不住车的！

大家在高速上观察就会发现，在距离收费站1千米和500米的地方都是有醒目的提示牌的！只要不是疲劳驾驶或实在是马大哈，一定是可以发现的，在看到距离收费站 500 米的提示牌后，你就应该做好进站准备，开始减速慢行了！

这是教你如何避免刹车不住的情况。

如果你是小车，如何防止被追尾呢？

我一般到收费站都会心惊胆战，会有技巧地选择收费口，不会选择那些直线对着车道的收费口，我会拐弯到偏僻一点的收费口，这样被大车直线追尾的可能性要小一点！

但是有的小收费站只有少量的收费口，并且都对着车道！这就没办法了，只能不断观察后视镜了，发现情况不对，趁早撤离！收费站有点不好，就是两边夹击，有时候根本无路可逃！只能说，多观察早预防！

还有一点可能很多人不知道，收费口是有个快速通道的，叫做“ETC”，办理了 ETC 卡后，在上面充值，过收费口的时候，它自动就缴费了，所以有时候看到有的车走快速通道，也没看到缴费，杆子就起来让车通过了。

为什么要说这个呢，因为有的人在普通缴费口缴费通过后，喜欢靠边休息一会儿，或者拍照留念，有的 ETC 通道是在收费口的最右边，因为它不需要停车缴费，所以有的车速会很快，这时候，如果你要靠右，一定要注意 ETC 道的车辆，以防追尾！

26. 雨季行车准则

高速行车下雨是非常常见的，下雨导致地面湿滑，车辆的制动时间大幅度延长，很多司机没有注意这些变化，从而诱发了很多车祸。

雨季行车有哪些弊端呢？

a. 路面湿滑，轮胎排水不及时，和地面摩擦力减少，制动距离大大增加！但是很多无知的司机驾车速度还和晴天时一样快！

b. 视线受阻。雨天玻璃、后视镜都被雨水弄得模糊，视线极差！极易追尾！所以大暴雨必须要双闪！

c. 刹车侧滑！这是导致雨天重大车祸的第一诱因！很多司机遇紧急情况就猛踩刹车，造成不可挽回的后果！

我第一次上高速时就遭遇大暴雨！视线非常差，当时我安全驾驶知识有限也没有采取任何措施！现在回想起来都后怕！

人认识事物有几个阶段。

a. 无知无畏。这是大部分中国司机的状态，一般新手刚开始的状态。

b. 有知有畏。开了二三年，见过一些车祸，开始质疑自己的车技。

c. 有知无畏。充分研究、了解了各种可能突发情况和处置方法后的状态。

所以跑高速前不做任何功课，这就是你的错误，而且有时候错误的代价往往就是生命！

雨季高速行车守则：

a. 莫超速！保持 80km/h 行驶，这样反应时间会增加几秒，制动距离会缩短，都是救命的距离啊！

b. 把雨刮器频率增加，中小雨的时候，开启雾灯、近光灯、示廓灯和前后位灯；大暴雨的时候，一定还要加开打双闪。雨水在玻璃上附着产生光线的折射，最容易模糊视线，也容易误导司机。所以下雨要尽可能地去除雨水，排除干扰。

c. 切莫乱动作。雨季大家视线都模糊，切莫乱变道、乱超车、乱刹车、乱停车！老老实实开。

d. 莫轻易超大车！这个是要特别提醒的，小车在雨天超大车的时候，会感觉进入到一个完全无法看见的雨区，根本无法看清路况，所以非常危险。非得超的话，记得把雨刮器打到最大档，因为大车卷起来的雨水会让你瞬间进入雨帘。雨天最好不要乱超大车，下雨、胎噪，大车司机基本就是什么都听不到，而且后视镜又被雨水覆盖，也无法看清。万一你超车的时候大货车变道，那后果不堪设想！

e. 大暴雨天气要开启双闪。

f. 和前车保持三秒以上的跟车距离！

g. 遇险不能猛踩刹车。这其实和爆胎处置是一个道理。紧握方向，松油门，点刹！切勿乱打方向，猛踩刹车！

27. 雪天上了高速后

中国大部分地区经常出现极寒天气，高速公路由于冰雪覆盖封路的不在少数。如何在冰雪天行车，也成为了热议的话题。

虽然高速公路有关部门都会组织在冰雪天气里除冰铲雪，但是路面还是会打滑，所以冰雪天气尽量减少出车。

不知道大家有没有在冰面行驶的经验，基本超过 40km/h 猛刹车，车轮就会打滑。

那么冰雪路段行车有哪些需要注意的呢？

a. 在合理胎压的范围内降低轮胎气压，这样可以增加轮胎和地面的摩擦力，或者加装防滑链。

b. 慢起步缓油门，加速时不可猛加油门，要均匀加速，增加和前车的安全距离。

c. 遇到紧急情况时，应当用发动机制动，减档减速，如果使用刹车，要点刹不要急刹。变道转弯时，降速，缓打慢回。

d. 上坡时，要估计好坡度的大小和自车的爬坡能力，提前换入低速档，以免上坡途中因动力不足而换档导致险情；下坡时，亦用低速档利用发动机制动来控制车速，并尽量少用刹车。

e. 当汽车发生侧滑时，应使方向盘向后轮滑动的方向适当转动摆正车辆。尽量慢速开车，发现情况提前警觉，提前处理。

f. 下雪等极端天气应该尽量避免上高速。

28. 雾天行车准则

视线遮挡是高速行车的一大忌讳，所以雾天特别是团雾天气是非常可怕的。

雾重天气切莫行车！这已经不是技术的问题，这是概率的问题！

2012 年，京沪高速雾天几十辆车追尾，车辆起火，人来不及逃出来被烧成骷髅，大家百度一下这个事情，看看那些惨烈的图片，就知道教训有多么的深刻！

雾天上高速无异于听天由命，所以不上高速才是上上策。

雾天行车，注意以下几点提醒：

a. 出行前查天气，发现有大雾，取消行程！

b. 万一要上路，也不要上高速！纯属挑战人品。

c. 如果是行驶中间起薄雾，开启雾灯、近光灯、示廓灯和前后位灯，不能开远光灯，车速不得超过每小时 60 公里，与同车道前车保持三秒以上的距离。

d. 重雾天气，除了开启雾灯、近光灯、示廓灯和前后位灯还应该打开双闪！慢行，找最近的服务区等待雾气散去。

e. 万一还是来不及，遭遇追尾，只有一个字，跑！远离车辆，远离高速（关键中的关键）。

最后总结：起雾不上路。

29. 雨天雾天的双闪困惑

我以前写过一个雨天、雾天开车的专题，里面被讨论最多的，就是雨天和雾天到底是否应该开双闪。

我仔细看过了大家的评论，也仔细研究了高速行车规定、咨询了资深的老司机，下面说一说我最后的理解。

首先，我的车（斯柯达晶锐晶享版）在打了双闪的情况下，如果要变道，打左拐或者右拐灯，是拐弯灯优先的。很多车子打了双闪以后，拐弯灯是没有用的，这时候一定要慎重！

对于雨天和雾天打双闪的问题，我们先来看看，官方对雨天或者雾天应该如何开灯的定论。

中华人民共和国道路交通安全法实施条例：

第五十八条 机动车在夜间没有路灯、照明不良或者遇有雾、雨、雪、沙尘、冰雹等低能见度情况下行驶时，应当开启前照灯、示廓灯和后位灯，但同方向行驶的后车与前车近距离行驶时，不得使用远光灯。机动车雾天行驶应当开启雾灯和危险报警闪光灯。

第八十一条 动车在高速公路上行驶，遇有雾、雨、雪、沙尘、冰雹等低能见度气象条件时，应当遵守下列规定：

（一）能见度小于 200 米时，开启雾灯、近光灯、示廓灯和前后位灯，车速不得超过每小时 60 公里，与同车道前车保持 100 米以上的距离；

（二）能见度小于100米时，开启雾灯、近光灯、示廓灯、前后位灯和危险报警闪光灯，车速不得超过每小时40公里，与同车道前车保持50米以上的距离；

（三）能见度小于50米时，开启雾灯、近光灯、示廓灯、前后位灯和危险报警闪光灯，车速不得超过每小时20公里，并从最近的出口尽快驶离高速公路。

这里所说的危险报警闪光灯就是我们俗称的双闪。

所以雨天和雾天打不打双闪，在官方是有明确规定的。

而反对打双闪的人的意见在于：

a. 双闪容易眩目，干扰后面司机的注意力。

b. 双闪只有在停车的情况下才能开启。

c. 很多人打双闪，变道不打灯，两边都跳，根本不知道他往哪里走，更容易引起事故。

在这里，梦飞的解释如下：

a. 双闪就是因为它间歇性的开关，更能在恶劣情况下比雾灯等其它灯引起其它司机的注意。这时候大家都应该慢行。

b. 双闪只能在停车时候使用，这个观点稍显片面。在前面的高速规定中，已经告诉了大家双闪的其它用途。

c. 打双闪突然变道！这个问题很多司机请注意，首先，先了解你的车在双闪的时候，是否拐弯灯正常使用。如果和我的爱车（斯柯达晶锐）一样正常，就没有关系。如果双闪占用了拐弯灯，那么，请不要轻易变道！大雾大雨，这么危险的情况，乱变什么道！如果非要变道，请先关掉双闪，变道过后再重新开启。

这样，我们可以得出最后的结论：

a. 当你在高速遭遇小雨或者小雾的时候，请一定要开启雾灯、近光灯、示廓灯和前后位灯，警示后车。

b. 当你遭遇大雨大雾等极端天气，严重影响能见度的时候，请在开启雾灯、近光灯、示廓灯和前后位灯的同时，打开双闪！

c. 雨雾极端天气，请小心慢行，不要轻易变道。

d. 遇到非得变道的情况，请保证左拐或者右拐灯正常使用！如果遇到双闪的干扰，请关闭双闪。

e. 天气非常恶劣的情况，最好的方式是找最近的路口离开高速！

30. 隧道行车入口时

中国地理形态多样，很多省份多山多隧道。一开始我和大部分人一样觉得隧道行车是一件很简单的事儿，其实隧道由于它特殊的封闭式形态，要比其它路况更容易出现事故，一旦出现事故，也比其它路况更难救援，从而死亡率最高！

所以隧道行车，需要慎之又慎！

在看见隧道标志，发现前方有隧道时，一定要开近光灯、同时把速度减到隧道入口的限速之内。首先，隧道口一般都会有各种标志，比如限速多少。特别提醒的是，在隧道的入口上方都会有隧道路况的标志，而且是每条道都会标明！如果该道里面没事故可以通行，灯会是的绿色。出现事故，会替换成一个红色的叉叉。

隧道是监管最严的区域，24 小时都有专人监控，一旦发生事故，会立马在隧道口变灯提醒将进入隧道的车主，所以进隧道前一定要看隧道上方的灯提示。否则出现事故，后果不堪设想！

31. 隧道中行车

牢记以下隧道内行车准则：

a. 进隧道前请开灯，刚进隧道时速度一定要降下来，因为人眼从亮到暗有一个瞬盲的过程，必须要慢速，让自己的视线从亮到暗有个良好的适应过程。

b. 隧道行进中，都有限速提示，莫超速。

隧道是凿山而建的，所以里面拐弯等特殊情况特别多，加之隧道内视线比较差，如果超速行驶，很难把控，最容易出现事故！

c. 隧道内是不允许变道、掉头、超车和逆行！

大家可以百度一下“隧道事故”，里面五花八门的原因都有，其中超速、变道是死亡率排在前面的！

d. 特别是当你遭遇雨雪天气，请小心慢行。冷天里的长隧道，尾气里的机油在隧道潮湿的空气中无法挥发，全部留在地面上，所以会打滑！一定要慢行！！！

e. 隧道一般信号很差！一旦出现交通事故，每隔 5 米就有隧道救援电话和灭火器等装置。

f. 一旦发生事故，不要自己处置，迅速远离车辆，报警，撤离到安全带上等待救援！

32. 出隧道后的注意

由于隧道封闭性的特征，和入隧道一样出隧道时也应该格外小心，隧道里外地面的摩擦力不完全相同，而且人眼也需要经历一个从暗到亮的适应过程。

中国有的隧道设计不合理，出口会有大弯或者大坡度。有的司机不了解路况，出隧道的时候盲目图快，一旦碰到大弯、长坡，等你眼睛适应看清时，就为时晚矣。

隧道其实是一个事故多发路段，只要进入隧道相关路段，就要减速慢行。在特殊的雨雪天气行经隧道路段时，需要格外小心！雨雪气候本来就容易诱发事故，加之隧道是事故多发路段。所以一定要谨慎驾驶！

33. 山区长坡的行车

中国山区特别多，高速的长坡山路也非常普遍。

山区高速公路与普通高速公路相比，具有四个明显不同的特点：

a. 山区高速公路的露天平坦路段少，桥梁隧道多。

b. 山区高速公路的直路少，弯道多。左弯右绕，视线差，司机在弯道上行驶很难观察弯道前方的路况。如果车速过高，一旦前方出现障碍物，驾驶人就会惊慌失措，车辆失控，从而造成事故。

c. 山区高速公路的平路少，上下坡路多。大型载货车在这些路段行驶，经常会出现刹车片过烫，轮胎起火或刹车失灵等现象，导致事故的发生。

d. 山区高速夏雨季多雾，冬雪季多冰。

很多司机，对待是山区高速和普通高速一样，开得非常快，根本不减速，这是非常危险的！

那么，走到山区高速路段，我们应该如何行车呢？

a. 不要错过提示牌。在快要经过长坡、桥梁、隧道等特殊路段，都会有非常醒目的指示牌。一定要学会看指示牌！当知道要进入特殊路段时，就要调整到相应的驾驶方式。

b. 山区超速后果很严重！山区情况非常特殊，长坡、大幅度的弯道、隧道、雾天天气，这些情况在山区高速上司空见惯。而这些时候司机一旦超速，后果不堪设想！

c. 遭遇长坡，一定不能长期使用行车制动（踩刹车），要依靠发动机制动（减档降速）来降低速度。长坡长期踩刹车，容易使刹车片过热、轮胎起火或者刹车失灵。应当靠减档、利用发动机的牵阻作用来降速。

d. 不能随意超车。弯道、桥梁、隧道等特殊路段是严禁超车的！超车要挑视线好的直道。

e. 不能随意变道。隧道是禁止变道的！

34. 夜间行车的灯光

夜间行车，车祸率是白天的一倍！

很多人喜欢夜间行车，因为车少，没有人管，以为可以一脚油门任意驰骋。

其实，夜间开车非常危险，夜间行车有一种强烈的感觉，眼睛特别累，人特别容易疲劳。

在中国，夜间行车更是非常危险！夜间是大车横行的时段，很多货车司机都是疲劳驾驶，喜欢连夜赶路。有的时候疲惫到打瞌睡自己都毫无察觉！而且中国的货车监管不严，大车屁股后面的灯很多都是坏的。等你跑近了，才发现前面有一辆大车！

所以能不夜间行车，就不要夜间行车！

梦飞车友会有车友反映，很多高速的隔离带都非常矮，对面会车的车辆一旦开启远光灯，就很容易造成你的眩目，所以事故率特别高！

实在没有办法，需要夜间行车时，牢记以下准则：

a. 莫超速。谨慎慢行，始终是保命的不二法则。

b. 走夜路，一定要养足精神，保持体力，用眼过度容易导致疲劳。

c. 夜间行车开启远光灯，但是不能一直使用远光灯，应该远近光交替，这样能让前车发现你，也能打破夜色的寂静和沉默，让你不疲劳。矮的隔离带会车时或者靠近前车的时候，要改用近光灯，否则前车司机的后视镜里将是白茫茫一片，对自己也是一种潜在的危险！

d. 夜间超车，鸣笛不完全管用，夜间司机间交流绝大部分要靠灯光。当你准备超车的时候，鸣笛、远近光交替闪灯，闪灯三次左右，当你远近光交替，前车就会发现你，并且对你给予回应。要么靠远点让你超车，如果他觉得你超车时机不成熟，就会打转向灯提示。

e. 夜间行车，要特别注意后视镜，当在后视镜发现光点闪烁的时候，就表明后方有车需要超车。这时要有所准备，不能随意变道。

f. 夜间碰到大车，要格外小心，因为大车司机容易疲惫，一定要用鸣笛、闪灯反复提醒，再进行下一步动作。切勿跟大车、和大车并驾齐驱或者让大车跟！

g. 夜间行车一定要注意车道上的障碍物，提前采取措施。

夜间的高速，劫匪时常出没，劫匪把大的障碍物扔到超车道，让高速行驶的车辆爆胎、侧翻，然后对车内的人实施抢劫。在山东高速和河北高速，不只出过这样的抢劫事件。

h. 夜间过桥时，警惕桥上有人故意投掷石块等物品，这也是夜间抢劫的手段！

i. 当夜间行车遭遇爆胎，请第一时间撤离到应急车道，一定要在远处放三角警示牌并且开启双闪。夜间能见度太差，不放警示牌无法提示后方车辆！在人少的情况下，放置警示牌时请注意车内物品，在人离车的情况下，最容易发生抢劫事件。就算车辆损毁无法移动，人一定要撤离到安全地带，并且拨通报警电话！

35. 横风请注意

横风标志估计很多人不认识，它多出现在桥面、隧道口、山口，就是有大风的地方。横风其实是很可怕的，大风作用在车体上，速度快的时候你就会感觉车体摇晃，有的司机会慌张从而导致车辆失控。

看到了横风标志你得有如下条件反射：

a. 降速，你可以稍点刹降速，进入横风区域还觉得车体晃动厉害，就再点刹稍降速。

b. 39 点紧握方向盘，抗击横风最好的方式就是速度降下来，手握紧方向。

c. 横风区域禁止超车，千万不要和别的车并排，这绝对是灾难。超车必定会加速，横风是速度的死敌，速度越快横风的危险性就越大。和别的车并排会增加危险性，因为一旦他惊慌失措车辆失控会殃及池鱼。

d. 还有一个经典的横风区域，就是在超大车的时候。快速行驶的大车带动空气迅速流动，形成横风区域，所以超大车的时候一定要小心。

总之，遇到横风区域处理起来很简单，降速、紧握方向、离别的车远点。

36. 爆胎处理要点

之前说到，我买车半年回了一趟老家，上了高速，回来以后沾沾自喜，觉得高速不过如此。

后来一位驾龄 30 年的大伯，跟我语重心长地谈了一次，我才后怕起来，自己不懂的东西太多，在高速上万一有一点意外事件发生，将会手足无措，一瞬间生命就陨落了。

从此以后，我格外关注高速行车的细节，并且每次上高速前都准备充分，在高速上行车谨慎。

那么，高速上最恐怖的头号杀手是什么呢？

爆胎！

国内高速公路很多意外交通事故是由爆胎引起的，在120公里时速行驶时，从爆胎到失控，司机的反应控制时间只有3秒钟左右，而时速在160公里以上发生爆胎事故的死亡率接近100%。所以平时养成良好的驾车习惯，心里有所准备，这是至关重要的！

之前没做过功课的人在爆胎时，惊慌失措下百分百会犯的错误！

a. 当爆胎脱离正常轨道的时候，左右猛打方向盘。

b. 手忙脚乱，猛踩刹车。

这些都是大忌，那么当遭遇爆胎应该如何应对呢？

有3个前提大家必须要时刻谨记：

a. 上高速前，仔细检查轮胎，预防爆胎最关键！

b. 双手开车！还记得正确握方向盘的姿势吗？左手9点，右手3点。高速上要紧握方向，不能懈怠！

c. 切勿超速，这是一个老生常谈的问题。但是多少人为了逞一时之快失去了生命。我在跑高速的时候就经常看到一些车，车牌一挡，一脚油门，无影无踪。纵然你是好车，你也不能把生命如此轻率地交付给运气！

万一遭遇爆胎了，你知道该如何处置吗？

a. 紧握方向，切勿乱打、猛打方向盘。乱打、猛打方向盘会导致无法收拾的后果！

b. 没有 ABS 的车辆切勿急长刹车！猛烈地长踩刹车，会导致车辆更加难以控制。应该点刹，什么叫点刹？就是频繁踩，点到为止。而不是一脚下去踩住刹车不放。

c. 前轮爆胎时，握紧方向盘，小幅度调整车头，避免汽车出现强烈侧滑甚至调头。减档、慢慢减速，反复轻踩刹车，直到将汽车缓慢停下来。

d. 后轮爆胎时，有一股轻微的力量，会使车子倾向爆胎的那一边，这时车会呈现不稳的状态。此时应该反复轻踩踏板，采用收油减挡的方式将汽车缓慢停下。

e. 停车后，放好警示牌，远离车辆等待救援！

37. 高速上加油的技巧

长途旅行一旦油料耗尽将是一件非常麻烦的事儿，其实加油这事儿也是有误区和技巧的。

千万不要觉得高速上你想加油就一定能加到，不是所有的服务区都能加油，能加油的服务区也不一定会有油。所以对于加油这事儿一定不能掉以轻心，否则车抛锚在半路实在是麻烦。

梦飞就遇到过连续几个服务区都没油的情况，最后迫不得已只能下就近下高速加油。

跑长途请记住：

a. 上高速前加满油。

b. 行至还剩 1/3 油处，请开始警惕，遇到能加油的服务区就把油加满。

c. 如果实在是燃油快要耗尽，千万不要挺到下一个服务区，因为下一个服务区也不一定有油。应该就近下高速，高速出口都会有加油站。

38. 前方遭遇堵车应该如何处理

你在高速上有可能遭遇堵车，高速堵车和市内堵车的处理方式有所不同，因为所有的车辆速度都很快，你能刹住不代表别人也能刹住，所以在保证自己能刹住的同时一定要提防别人刹不住。

远远的当你看到前方有堵车应该如何处理呢？

a. 反复点刹降速，反复点刹的原因是为了提醒后车注意。

b. 迅速开启双闪。

c. 反复扫后视镜看看是否有大车紧跟，如果有，抓紧时间变道。

d. 停下来的位置很有讲究，一定不能紧跟着前车停，万一后车刹不住追尾，前方没有任何余地，那前后夹击就非常惨了。

所以一定要和前车保持一段距离，万一被追尾后还有一段缓冲的距离。

e. 反复观察后视镜，密切注意后方车况，万一有大车刹不住，迅速逃离！

39. 节假日的租车忧虑

现在每到逢年过节就是汽车租赁最火爆的时候，回程的车票一票难求，催生了大量的租车族和拼车族。

有辆车确实方便，不过大家有没有想过，里面存在多少安全的隐患？

租车、拼车回家过年的，都是平时接触车比较少的人群。有的甚至是刚刚拿到驾照的新手！新手手比较痒，我新手那半年，每天找各种理由出车。这些新手——或者说生手，在节假日跃跃欲试，租车回家，给节假日的高速带来非常大的安全隐患！

有时候，就算我们是熟手，很长一段时间没有摸车，都会觉得有些不适应。何况是没有经过系统训练的新手和生手！而且当我们一开始接触陌生车型的时候，都有一段和车的磨合期。租车的同志，往往是租上车就马上上高速跑长途，根本就没有这个适应的过程和意识！

有的人可能就知道刹车和油门在哪里，连雨刮器的位置都找不到！你还指望他在碰到紧急情况会做出正确的反应？！

每当节假日，梦飞就深感忧虑。租车的商家当然是利益至上，这时候应强烈呼吁国家对此多加重视！因为新手发生紧急情况，往往反应过激，一旦发生车祸，必定殃及池鱼，群死群伤！

在路上应该如何预防呢？

自己遵守法规是前提，然后就是集中精力判断周边车辆的意图。记住，在高速上不要怕吵到别人，必要时一定要鸣笛，多用灯光提醒交流！

40. 一旦遭遇事故

我们都不希望事故的发生，但是一旦发生剐蹭也不能手足无措。

发生剐蹭如果处理不当，很容易引发二次事故，二次事故往往还更加严重。

在剐蹭现场，有几种做法是不可取的。

a. 小剐蹭、大纠缠。明明只是轻微事故，却在主路上纠缠、争论不休，不及时撤离，非但影响交通还容易引发二次事故。

b. 剐蹭后，车辆受损无法移动，却不采取任何保护措施。人坐在车内或者在车附近徘徊，不及时撤离到护栏外。

遭遇事故的正确做法：

a. 小剐蹭，应该迅速把车辆撤离到应急车道，不要过多纠缠对错。

b. 如果车辆无法移动，马上开启双闪，人员迅速撤离，并且在车后 200 米处放置三角警示牌，以防止二次事故。

c. 迅速拨打高速事故处理电话：12122。

总之，第一时间远离车辆，报警！以免遭到二次伤害！

特别篇

远离肌肉劳损，享受驾车乐趣

健身教练　张乾

前几天，飞姐跟我说她要出书了，就是之前一直说的关于安全驾驶的那本。我知道，那是她筹备了很久也是投入了很多精力的一件事，早已在她的人生规划里，现在终于落定，真为她感到高兴。

她问要不要在书后面给我留几页，让我写一篇类似司机健身指导的文章，因为车开多了，有时身体老不舒服，特别是腰背及肩颈部位，若能弄出一篇针对司机常见问题自我调节训练方法什么的与大家分享，也将是莫大的善事。我能切身体会得到这种困苦，因为我也曾迷恋上过自驾的感觉，还有在我的私教会员里有很多需久坐办公的职业人士，他们也会遇到类似的身体问题。

要编出几套简单有效的训练方法并不是什么难事，只需把我之前的健身指导资料整理一下就很完善了。其实飞姐给我加这个特别篇有两个初衷，也是她之前就跟我说过的，一是司机朋友们确实需要这方面的专业指导，也算是给读者的一点福利吧，如果我还不令人失望的话；二是我与飞姐认识的时间也不短了，在很多话题上都属同一频道，算是半个知己，而且以我的专业水平，她知道我一定会给大家带来一些不一样的健身体验。

2013 年 8 月第一次见到飞姐，那次是她组织去云贵自驾游，一辆车，四个人，飞姐主驾，我副驾，她是老师，我是学生，学习及完善安全驾驶知识。因为从小爱运动，学生时期一直在校体育队混，后来又跟师父习练武术多年，身体素质一向不错，在那次旅行中就充当了一次“兼职保镖”的角色，每当谈到这个话题，飞姐总会一边咯咯地笑，一边鼓动我说“痞痞，来秀一个。”哦，对了，痞子是我的绰号，在户外圈子里。

二十多天一直在路上，四个人很默契的穿梭在滇南雨季和云贵崇岭之间，当你远离自己熟悉的环境，大家都没了区别身份的标签时，就很容易拉近彼此间的距离，建立信任感，进而建立深厚的友谊。在他乡除了赏风品俗，更多的是在探讨时事，畅谈人生，那一段路上时光，仿佛我们都年长了很多岁，谈着一些与我们年龄不相仿的话题。

也就是那一段时间里我的职业观点发生了不小的变化，缘于爱好，缘于对驾驶的着迷我们相识，又因话语投机，就听从了她对我职业规划上的建议。她说有两种事情，一种是自己喜欢的，一种是自己擅长的，如果恰好这两件事凑到了一块，就千万别错过。

那段时间正在为自己的职业选择有些犹豫，经过飞姐的鼓励和自己的自我剖析，最终还是确定了继续自己喜爱并擅长的健身领域。经过一段时间的打拼，在北京，在健身领域也算是站得住脚了，同时也验证了飞姐那句话的价值。在把一件事情从爱好转变成职业，最后当成事业去做的路上，我没觉得有什么困惑，困难倒是有，只不过是一个个小插曲而已，因曲折而生动，却从未忘了初衷。

有人问我，到目前做私人健身教练最大的收获是什么，我想说收获太多了，包括专业、阅历、事业观念等等，不过我只想分享一个小小的经历。那是上个星期的周四，全天排了 7 节私教课，当天却在健身房见到了十几个自己的学员，有很多是没被安排课程自己过来锻炼的，也纷纷跑过来跟我打招呼，有喊教练的，有喊老师的，向我汇报“作业”完成的情况，然后兴奋地跟正在上课的学员分享自己的收获，要知道，在一天当中能看到自己这么多的学员且有这么高的健身热情，绝非是偶然情况，与教练的督促和引导是分不开的。当看到他们每个人真诚的笑容、每个人实实在在的进步时，当看到他们因自己而爱上健身并逐步把健身当成生活的一部分时，当看到这个大家庭里不同身份、不同年龄的人却因一个共同的话题走到一起并享受这种其乐融融的氛围时，自己总会有种莫名的幸福感，和莫名的感动。

好了，现在说些有针对性的东西吧。

在谈到如何减轻长时间驾驶带来的劳累时，我有两方面的建议：

第一，正确调整座椅、方向盘、后视镜及其他辅助工具的位置是安全行车之本，也能极大地减轻身体的疲劳，这是飞姐的专业，我就不多累述了；

第二，肌肉的伸展与强化。做伸展运动能直接缓解身体疲劳，起到立竿见影的效果，但是只有伸展放松是不够的，想要长期有效地维持一个好的状态还要有相应的力量训练以增强身体相应的耐受力才行。下面我就给大家着重介绍两组（12 个）比较有针对性的拉伸动作及肌肉强化动作，以文字说明，并配图解，在飞姐的要求下，笔者就亲自出镜了。

（一）伸展运动：

针对司机来说主要需拉伸的部位是颈、肩、背、腰和腿（特别是小腿），以下这些动作都为静态拉伸，也是缓解疲劳较为有效的拉伸方式。

1. 侧后颈部肌肉拉伸

拉伸者双脚打开自然站立，头微曲向一侧肩膀，同侧手掌搭于头顶上方，靠手臂自身重力向下拉伸侧颈部肌肉，保持 10 秒后，头向身体前方微转，同时保持手臂拉力不变，以拉伸侧后颈部肌肉，保持这个动作 15 秒，然后再换另一侧。

2. 肩部肌肉拉伸

拉伸者双脚开立，一侧手臂屈肘从体前放于另一侧的肩膀后，另一只手按压屈肘手臂，以拉伸肩部肌肉，保持这个动作 15 秒，然后再换另一侧。

3. 侧背部肌肉拉伸

拉伸者双脚开立，一侧手臂屈肘抬起，然后用另外一只手去抓住屈肘手臂的上臂，并慢慢用力向一侧拉，然后上身向身体前方微曲，以拉伸侧背部肌肉，保持这个动作 15 秒，然后再换另一侧。

4. 腰椎拉伸

拉伸者双脚开立与肩同宽，双手十指相扣以掌心尽量接触地面，双腿蹬直或膝关节微曲，将下背部（及腰部）拱起，体会腰部被拉伸的感觉。然后缓慢向一脚外侧按压，保持 15 秒，向另一侧按压，拉伸过程中保持自然呼吸。

5. 小腿肚拉伸

拉伸者双脚前后站立，保持前腿屈膝，后腿绷直。然后让重心慢慢像前移动，保持后脚始终绷直脚跟不要离开地面，体会小腿肌肉被拉伸的感觉，保持 15 秒，然后再换另外另外一侧。

6.综合拉伸

拉伸者双脚前后站立，前腿弓步后腿蹬直，后脚以脚掌着地，与前脚交叉对应一侧手掌附于耳旁，另一侧手臂外展伸直，向后旋转上身，眼望于身体侧后上方，保持15秒换另一侧。此动作可拉伸到肩、胸、背、腹、腿等多个部位，故叫做综合拉伸。

注：这些拉伸动作基本不受时间地点的限制，大家可以因地制宜，数量因需去做。

（二）相应的力量训练

这里的力量训练只是针对胸、肩、背、腰腹、臀腿等五个肌肉群（也是针对久坐最容易受到影响几个部位）的日常强化，不一定能练出很强的肌肉，但对于提高这几个部位肌肉的功能性已是足够用了，而且方便简单，不受地点及健身器材的影响。

1. 胸（臂）部训练推荐俯卧撑

做俯卧撑时，保持身体从肩膀到脚踝成一条直线，双臂应该放在胸部两侧位置，两手相距略宽于肩膀。

2. 肩部训练推荐双肩侧平举

开始：两脚稍微分开站立，背部挺直，双臂垂直于身体两侧，双手抓握哑铃或重物（装满水的瓶子什么的都行）。动作：向侧上方平举至双肩水平，肘部微屈。此动作可以延伸成双肩前平举，就是以开始动作，将手臂在身体前侧水平抬起。

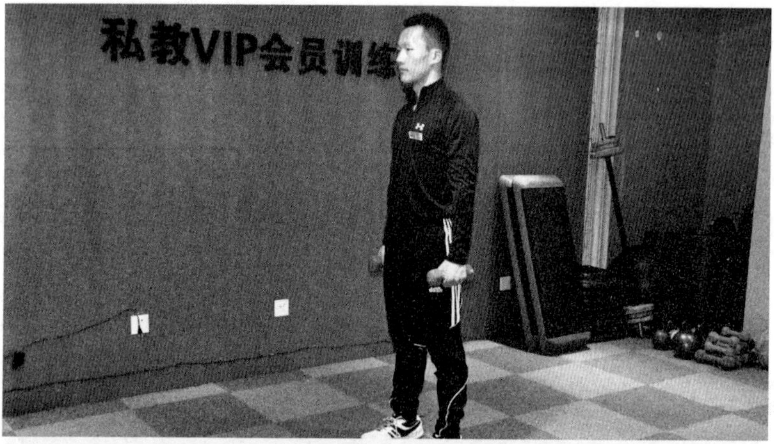

3. 上背部训练推荐徒手直臂划船

可以站立或坐姿，双臂打开与肩同宽自然放于身体前侧，两肘微曲，收腹挺胸，向后尽量收缩肩胛骨。注意整个过程要保持上身放松，沉肩坠肘。此动作能很好的刺激到两肩胛骨之间的肌肉（菱形肌、斜方肌），能该肌肉受到强化可以防止肩带前引，改善肩颈疲劳症状。

4. 腹部训练推荐卷腹

平躺于地上，双膝弯曲 90° ，脚平放在地面上。双手交叉于胸前，沉肩收腹，下颚微收，上至肩胛骨离开地面，腰部紧贴地面，下至肩胛骨平贴地面，向上呼气，向下吸气，一上一下为一次。此动作对腹部的刺激比大家熟悉的仰卧起坐效果要好的多，建议有做仰卧起坐习惯的朋友，以卷腹替代之。

5. 腿臀部训练推荐徒手深蹲

双脚打开略宽于肩，脚尖微开，收腹挺胸，背部挺直，双手叠加放于胸前，下蹲时向后翘臀以确保膝盖不向前超过脚尖，能下至大腿与地面平行效果更好。

6. 核心训练推荐平板支撑

俯卧，双肘弯曲支撑在地面上，双手相扣，双脚踩地，身体离开地面，躯干伸直，头部、肩部、胯部和踝部保持在同一平面，腹肌收紧，眼睛看向地面，保持自然呼吸。此动作可训练到臂、肩、腹、背、腿，所以是一个综合性很高、效果显著的训练项目。

建议以上每个动作每天做三组，每组 10~15 次（平板支撑每组 30~60 秒），可以不必一次做完，分散到一天空闲的时间里去做，坚持一段时间必有很大收获。

其实在我的健身笔记里很少写到具体详细的训练方法，更多的是健身理念和健身心得。我觉得，把健身当成爱好也好，工作也好，事业也罢，都是生活的一部分，当我切实地在享受这个过程时，我就是在认真的体验生活、感悟生活，并从中受到一点启发，一点收获。如果此篇短文能给大家带来一点点的帮助，我也会觉得是莫大的幸福了。

飞姐经常说，开车是一种修行，要从一门技术逐步上升到一种境界。那么，我不得不说，拥有一个健康的身体，才能修得正果。

呵呵，精致生活，从健身开始。如需了解更多，请加我 QQ，号码 429519619。

后 记

把车开出禅意

做任何事情都要尽量做出禅意，开车亦是如此。

何为禅意？禅意是一种心境、一种态度、一种处世之道。

佛家把“贪、嗔、痴”称为人生三毒。在行车中如何去除三毒三念？在书的结尾，梦飞想和你好好探讨。

所谓贪，就是以“独我”为前提，不惜损害他人或者大环境的红利来获取自身利益的心理。

“贪”在行车中表现为：加塞、逆行、在车流中胡乱穿梭，这样做是为了贪图缩短时间上的“利”，但如果人人如此，大环境就会遭到暴力性破坏，这样反过来每个人都会得到更坏的结果。

大家想想，大多数堵车，是不是因为一部分人的贪婪所致？两条道硬是挤成三条甚至四条道，远远看到以为是堵车，但其实是有人不断加塞，使得整体的速度慢下来，过了那个交汇口后前方却是畅通无阻，如果人人都能戒除“贪”念，按顺序排队的话，反而比乱加塞更能节省到时间。

所谓嗔，就是稍有不顺，就抱怨连天，甚至是勃然大怒的心理。

“嗔”在行车中表现为“路怒”。听说过“路怒症”么？很多人在现实生活中脾气很好，但一旦开车上路就容易情绪失控。

“路怒症”，是一种心性的缺失，一旦被触发，就会和别人斗气、追逐，从而产生非常严重的后果。

所谓痴就是：对自己的行为方式有一种执念，总觉得自己是对的。

“痴”在行车中表现为：路上看谁都不顺眼，“你怎么开车的啊？”，“你会不会过马路啊？”，“你长没长眼睛啊？”。一路上骂骂咧咧，碰到了险情，就把责任全部推到别人身上。总而言之，对的是自己，错的一定是别人。

“痴”是阻碍司机成为高手的最大障碍，因为当一个人调整到‘我做什么都是是对的’这种模式的时候，碰到任何事情，第一时间不是去反思自己的错误，而是去责怪和抱怨他人和大环境。那样永远都不会进步，而且同样的错误会一犯再犯。

是人都有“贪、嗔、痴”三念，高手和其它人的区别在于，他会很快意识到自己处在“贪、嗔、痴”的错误状态下，并能迅速调整自己的心态和情绪，做到平和而稳重，仅此而已。

开车就是一场修行。那如何把自己修炼成高手呢？

佛家把治疗“贪、嗔、痴”三毒的方法称为“戒、定、慧”。

戒贪、定嗔、慧痴。怎解？

所谓戒，就是对自己严格要求，有所规范，清晰明了地知道，我当有所为，有所不为。

行车上很多事情是一定不能为之的，“戒贪”说白了就是去掉自己占小便宜的侥幸心理，比如：高速上一定不能应急车道超车，一定不能逆行，一定不能超速、一定不能酒驾、一定不能乱加塞。

我在心理给自己设定这些规矩和雷区，在任何时候、任何情况下，都不越雷池半步，这样方能保一世平安。

很多人说，没事儿，我经常超速、酒驾、应急车道超车，这不也好好的吗？

梦飞只能说，你能幸运999次，但你敢保证自己能幸运一辈子吗？一次的疏忽就有可能让你不再有悔改的机会！

放纵自己谁都会，太容易了，成功的人仅仅是比别人心中多了一个“戒”字罢了。

所谓定，就是对于内心的专注和耐心的培养。

行车之道，贵在一个“定”字，新手多恐惧、生手多焦虑、高手多沉稳。

新手学会“定”，在别人催促的时候，内心就不会慌张，按部就班得严格按照步骤和规矩行车。一旦内心失去“定”字，就会手忙脚乱、熄火打岔、乱打方向，油门当刹车踩，导致事故的发生。

生手学会“定”，当别人乱加塞，或者遭遇堵车的时候，就不会‘嗔’，不会一口气咽下不去和别人飙车斗气，也不会骂骂咧咧影响情绪和开车的专注度。

高手的“定”，其实就是学会接受既定的事实，并付之一笑。别人乱加塞，可能是家里真有急事儿，我让让就好了。前面堵车，可能是前面有什么事故，我等着就好了。别人来挑衅，可能对方是个生手想显摆技术，我笑笑就好了。

高手为何能“定”？只不过是他看得多，经历得多，知道忍让和接受才是最节省时间、利人利己的处理方式罢了。

所谓慧，就是去除“我执”，学会反省的过程。

行车之“慧”，秘密在于要把任何险情的错误都学会归咎到自己身上。

十字路口，摩托车闯红灯差点导致剐蹭，立刻就要想，不是他的错，是我的错，我到了十字路口本就应该放慢速度，把脚放在刹车上，密切关注路况的动态，缓慢通过。

我在主路经过辅路岔口的时候，差点和莽莽撞撞高速斜插进来的车辆发生剐蹭。这不是他的错，是我的错，我到了岔道口，就得防范有车高速冲出，在此之前就应该减速鸣笛，降速通过。

我在路上行车，前面的自行车毫无征兆地拐弯差点导致剐蹭。这不是他的错，是我的错，当前方有自行车晃晃悠悠地骑行的时候，我就应该鸣笛提示他，后方有车辆靠近。

古人云，每日当三省吾身，行车亦是如此。当你能用“慧”开车的时候，就会把自己放在一个低而谦卑的位置，眼睛就能看到自己的不足和别人的长处，每天不断取人之长补己之短，成为高手指日可待！

每当你手握方向盘的时候，就要告诉自己，开车就是一场修行，我当“戒贪、定嗔、慧痴”。

当你情绪被外界左右，就要马上意识到自己正处在“贪、嗔、痴”三毒当中，剐蹭这个恶魔就在前方狰狞得奸笑，等着看你的好戏。你马上把自己的状态调整到“戒贪、定嗔、慧痴”，剐蹭这个恶魔就会无奈得耸耸肩飘然离你远去。

梦飞所理解的“禅意”，并没有如此的玄乎。其实就是顺势而为之，不去挑战极限、不去挑战规则、不去挑战概率、不去挑战他人。学会尊重、学会理解、学会谦让、学会忍耐，仅此而已。

大道至简，人人都这般行事，何愁交通不能得以改善？

“戒贪、定嗔、慧痴”，梦飞与君共勉！